Robert Deville est administrateur civil au ministère de l'outre-mer.

Nicolas Georges est conservateur du patrimoine aux Archives nationales.

Ont collaboré à cet ouvrage:
Jacques Adélaïde-Merlande, maître de conférences à l'Université des Antilles-Guyane.
Liliane Chauleau, directrice des archives départementales de la Martinique.
Xavier Dectot, archiviste-paléographe.
Prosper Eve, maître de conférences à l'Université de La Réunion.
Serge Mam-Lam-Fouck, directeur du GEREC-Guyane.

Cet ouvrage a été publié à l'occasion du cinquantième anniversaire de la création des départements d'outre-mer.

Dépôt légal : Novembre 1996
Numéro d'édition : 78733
ISBN : 2-07-053401-4
Imprimerie Kapp Lahure Jombart, à Evreux

LES DEPARTEMENTS D'OUTRE-MER
L'AUTRE DECOLONISATION

Robert Deville et Nicolas Georges

DECOUVERTES GALLIMARD

« Je voudrais bien voir le testament du père Adam pour savoir s'il ne m'a rien laissé dans les terres du Nouveau Monde. » Cette réflexion, attribuée à François Ier alors que l'Espagne et le Portugal se partagent l'Amérique, montre l'intérêt que manifeste le roi de France à s'implanter au-delà des mers. Cependant, la France ne commencera qu'au siècle suivant à fonder des colonies.

CHAPITRE PREMIER
LA MONARCHIE ET LA QUESTION DE L'OUTRE-MER

Roi de 1515 à 1547, François Ier fut le premier souverain français à s'intéresser au Nouveau Monde et à contester le monopole ibérique sur la colonisation aux Amériques. Dès 1540, il affirma que la France ne reconnaîtrait les droits ibériques en Amérique que dans les zones effectivement occupées.

Certes, de nouveaux pays conquis ont été réunis au royaume dès avant le XVIe siècle. Mais les colonies posent à la monarchie continentale un problème inédit. Dans la construction politique d'un royaume centralisé, quelle place réserver à des terres dont les sociétés se sont formées sur des valeurs propres et selon des schémas particuliers?

Supplantant les Indiens dans les îles d'Amérique et en Guyane, où les Caraïbes, Indiens cannibales, l'avaient emporté sur les Arawaks, les Français qui s'installent viennent, surtout au XVIIe siècle, des régions de l'Ouest (Normandie et Bretagne) et de l'Ile-de-France, puis de Gascogne au XVIIIe siècle. Arrivent également quelques Européens originaires de Hollande, d'Allemagne, de Flandre et du Portugal. Comparée à la stratification sociale de la métropole, l'organisation des sociétés coloniales présente des spécificités très nettes, renforcées par la présence des esclaves transportés d'Afrique, qui sont à l'origine d'un premier clivage entre Blancs et Noirs.

Flibustier, Belain d'Esnambuc fonda la première colonie française dans les Caraïbes, Saint-Christophe, dès 1625. C'est à partir de cette île que furent colonisées la Guadeloupe et la Martinique en 1635.

«Petits Blancs» et «grands Blancs»

Au XVIIIe siècle, aux Antilles, la société blanche ne s'articule pas en ordres comme en métropole; la distinction sociale s'opère en fonction de la fortune plutôt que de la naissance : parmi les planteurs, groupe social majoritaire, coexistent «petits Blancs» et «grands Blancs».

Les grands Blancs ont maintenu des liens familiaux et sociaux avec la France continentale. Ainsi, au XVIIIe siècle, Jean-Baptiste Dubuc, grand Blanc de la Martinique, entretient des relations privilégiées avec le duc de Choiseul, qui le reçoit dans sa résidence de Chanteloup.

Dépendants des planteurs, les «engagés» des colonies d'Amérique sont quant à eux des pauvres venus de France. Ils s'engagent par contrat, généralement pour une durée de trois ans, à servir le maître d'un domaine qui avance le prix de leur passage. S'ils parviennent à survivre au régime très proche de l'esclavage auquel ils sont soumis et à rembourser leurs dettes, ils peuvent alors s'installer comme planteurs. Aux Antilles, la main-d'œuvre des engagés sera peu à peu remplacée par celle des esclaves, venus essentiellement d'Afrique.

Les Indiens peuplaient les colonies d'Amérique bien avant l'arrivée des Européens. Ils furent exterminés aux Antilles et décimés en Guyane, victimes des maladies apportées par les colons.

Les « Couleurs »

A partir de la fin du XVIIe siècle, la monoculture sucrière fait appel à une main-d'œuvre servile venue d'Afrique. Dès lors, le nombre d'esclaves des colonies ne cesse de croître.

En Martinique, la population est multipliée par dix-sept entre 1660 et 1750. Au milieu du XVIIIe siècle, près d'une personne sur deux est esclave. En Guadeloupe, la population est multipliée par six sur la même période; elle est constituée de 80 % d'esclaves en 1750. En Guyane, l'accroissement est moindre (plus 150 %) mais la population compte près de 90 % d'esclaves à la fin des années 1740. A la même époque, l'île Bourbon, aujourd'hui La Réunion, n'a pas beaucoup plus d'habitants que la Guyane, avec la même proportion d'esclaves.

Malgré les atténuations de l'arbitraire des maîtres apportées dans les colonies d'Amérique par le Code noir (1685) et par l'édit de 1723 à l'île Bourbon, la condition des esclaves, aux Antilles surtout, demeure très pénible et précaire.

Pour sortir de la condition d'esclave, il n'y a qu'une seule issue, l'affranchissement. Il se fait en deux étapes. L'esclave devient d'abord un « libre de savane ». A ce titre, il obtient la liberté de parole et de mouvement, mais reste attaché à la plantation tant que le maître n'a pas achevé la procédure administrative d'affranchissement. Si la procédure est menée à son terme, ce qui n'est pas toujours le cas, l'esclave, définitivement affranchi, devient un homme de couleur ou « libre de couleur ». Cette catégorie s'enrichit et s'intègre à la classe moyenne. Aspirant à imiter les Blancs, les affranchis possèdent eux-mêmes des esclaves et adhèrent ainsi au système.

Certains esclaves, cependant, refusent d'espérer un hypothétique affranchissement et s'échappent des plantations. Ils viennent alors rejoindre les rangs

Pour les planteurs, les esclaves n'étaient rien de plus que des animaux et faisaient l'objet de transactions sur des marchés. Comme pour les chevaux, la santé d'un esclave se jugeait d'abord à l'état de ses dents. Il était difficile pour les négriers de conserver les esclaves en bonne santé en raison des insupportables conditions de traversée de l'Atlantique, au cours de laquelle la mortalité était très importante.

des «nègres marrons», terme venant de l'espagnol *cimarron* qui désigne les esclaves ayant rompu leurs chaînes pour s'enfuir. La petite taille des îles empêche que les fugitifs puissent reconstituer une société parallèle comme en Guyane. Là, les «nègres marrons», pénétrant dans les terres, se regroupent, le plus souvent le long du fleuve Maroni, pour former des tribus aux coutumes particulières, issues d'un syncrétisme entre les différentes cultures ethniques des fugitifs. Ce sont les Noirs bonis ou Bushinenges.

Promulgué par Colbert en 1685, l'Edit du roi sur les esclaves des îles d'Amérique, ou Code noir, tente d'améliorer les conditions de vie des esclaves, mais reste extrêmement sévère à l'égard des «Noirs marrons» (ci-dessous) qui se réfugiaient dans la forêt tropicale et formaient des bandes vivant de pillage.

Les «habitations»

La population vit essentiellement sur les «habitations», sortes de microcosmes où l'on trouve toutes les catégories sociales de la colonie. C'est le domaine terrien, aux Antilles, en Guyane et à La Réunion; c'est l'unité d'exploitation, la cellule économique, tournée vers la monoculture destinée à l'exportation. Le grand domaine, planté en cannes à sucre à partir de 1670 aux Antilles – plus tardivement à Bourbon – exerce une sorte de prééminence au XVIIIe siècle. Il n'a cependant pas fait disparaître la petite propriété aux productions plus diversifiées : tabac, cacao, café (surtout à l'île Bourbon pour ce dernier produit).

DESCRIPTION DES PLANTES, ARBRES, ANIMAU
AVEC LES MŒURS DES SAUVAGES QUI S'Y TROUVENT,
INDIGOTERIE
DE L'INDIGO.
l'Indigo est une Plante assez semblable au Saint foin ou à la luzerne dont le tronc devient assez gros et croit en arbrisseau lors qu'on ne le coupe pas. Elle se divise en divers rameaux tous chargez de petites feuilles épaisses, d'un verd brun par dessus et argentées par dessous, les fleurs en sont rouges, et elle porte de petites gousses, de la longueur et grosseur d'un fer d'aiguillette, toutes remplies d'une graine de couleur d'Olive. Lorsque cette graine est mûre, on coupe la plante et on la met en faisceaux ou dans des Sacs, et ensuite on la jette dans une cuve où on la foule avec les piés; après quoi on y verse de l'eau jusqu'à ce que l'herbe en soit couverte. Alors elle se fermente et fait bouillir l'eau comme le vin. C'est par cette ebullition que l'eau tire cette teinture visqueuse dont se fait l'Indigo
Pour ce qui est des autres Plantes dont on voit la figure ici à côté, il seroit infini d'entrer dans le detail de toutes. Il suffit de dire qu'il s'en trouve des plus rares dans les Iles Antilles, et que les connoisseurs en matiere de Simples ont dequois'y satisfaire abondamment. On y trouve des legumes de toute sorte, des plantes qui portent du fruit, des arbrisseaux qui servent à la Medecine, des Arbres fruitiers, et des Arbres propres à bâtir.
A l'égard des Poissons que l'on pêche sur les Côtes de ces Iles, ils ne sont ni moins curieux ni moins abondans qu'en aucune autre Mer que ce soit. On y en trouve d'une infinité d'especes differentes, comme des Baleines, des Souffleurs, des Marsouins, des Rayes, des Anges, des Mulets, des Maquereaux, des Vives, des Harangs, des Turbots, des Congres, des Murennes, des Rougets, des Saumons, des Lamantins. Ce dernier est un poisson tout à fait inconnu dans l'Europe, qui porte jusqu'à 15, ou 16 pies de longueur, et Sept ou Huit de circonference. Il a le musle d'un bœuf, les Yeux d'un chien, la vuë fort foible et point d'oreilles; mais en leur place il a deux petits pertuis, par où il entend si clair que la foiblesse de sa vuë est suffisamment reparée par la subtilité de son Ouïe.
DES SAUVAGES DES ANTIL
MENAGERIE.
Dorade

Pour les Européens, au début du XVIIIe siècle, les Antilles sont un monde nouveau et intrigant. Aubaine pour les naturalistes, elles regorgent d'animaux et de plantes étranges. Les Indiens eux-mêmes ont des mœurs inconnues, parfois choquantes puisqu'ils sont anthropophages. Des érudits entreprennent de longs voyages, d'Afrique au Brésil puis aux Antilles. Fins observateurs, ils nous ont laissé un témoignage essentiel sur ce qu'étaient ces territoires aux premiers temps de la colonisation, en particulier sur les Indiens caraïbes qui n'avaient pas encore été exterminés aux Antilles. Cherchant à apporter le plus possible d'informations et de dépaysement aux métropolitains, ils évoquent aussi dans leurs planches illustrées les productions locales, comme la fabrication de l'indigo, du sucre et du tabac. Leurs récits sont indispensables pour la connaissance de la vie coloniale à ses débuts.

Le statut des colonies

Prendre possession de terres inconnues au nom du roi, c'est soulever la question de leur statut dans le royaume. La question centrale de l'outre-mer – celle qu'affrontèrent les promoteurs de la départementalisation en 1946 – est donc posée très tôt aux gouvernants. Il s'agit de savoir si des terres séparées de la France par les océans sont assimilables à n'importe quelle province du continent; ou si leur «localité», comme on disait à l'époque, est un facteur irréductible de spécificité. La France rencontre ce problème alors même que la monarchie s'engage, dès Richelieu, dans une lutte pour la maîtrise des mers, dont l'Angleterre sortira victorieuse. La perte du contrôle des océans par la monarchie française favorisait l'autonomie des colonies au détriment de leur assimilation.

Principal ministre de Louis XIII, Richelieu fut l'un des premiers artisans de la politique coloniale de la France. Mais, accaparé par la guerre de Trente Ans, il ne put qu'en ébaucher le cadre.

Les colonies : terres françaises ou étrangères?

Vis-à-vis de l'outre-mer, la royauté adopta une position empirique. Il fut décidé que les territoires découverts ne pouvaient pas être des États indépendants liés à la France par des relations purement diplomatiques. Les territoires d'outre-mer ne seraient donc pas des terres étrangères mais des parties du royaume, et leurs habitants, des sujets. Le problème du rattachement de ces territoires au royaume et de la nationalité de leurs habitants fut ainsi très tôt résolu. Il n'allait pourtant pas de soi, certains de ces territoires étant déjà

peuplés. La nationalité fut accordée aux indigènes, à condition qu'ils se convertissent à la foi catholique. La nationalité française des territoires conquis et de leurs habitants resta, par la suite, un principe indiscutable de la colonisation française. Ce principe fut pour la première fois édicté officiellement dans un acte de 1635 par lequel Richelieu accordait à une compagnie privée, la Compagnie des îles d'Amérique, le droit d'exploiter la Martinique et la Guadeloupe.

La psychologie ne suivit cependant pas immédiatement le droit, signe que l'outre-mer gardait, chez les hommes de ce temps, une particularité certaine. Ainsi, l'évolution du rattachement des colonies aux départements ministériels montre qu'elles ne furent considérées comme terres françaises que progressivement. Il fallut attendre la constitution du secrétariat d'État à la Marine par Colbert, en 1669, pour que les colonies d'Amérique fussent enlevées au département des Affaires étrangères dont elles dépendaient au XVIIe siècle, tandis que celles d'Asie, dont fait partie l'île Bourbon, restèrent à ce ministère jusqu'en 1766.

Concédées à des sociétés privées, les colonies étaient gérées comme des entreprises. Ainsi, l'île Bourbon était dirigée par des actionnaires réunis dans un conseil d'administration. De même, les compagnies entretenaient de véritables armées privées, chargées du maintien de l'ordre avec les troupes du roi.

La monarchie s'interessait aux découvertes, mais les explorations étaient souvent le fait d'initiatives personnelles. C'est ainsi que le flibustier Belain d'Esnambuc prit possession de l'île de Saint-Christophe au nom du roi.

Des provinces comme les autres?

Les territoires d'outre-mer ne furent cependant jamais considérés comme des provinces identiques à celles du continent. Les incertitudes manifestées sur leur nature, dans les premiers temps, sont révélatrices. Au début de la colonisation, les terres découvertes, si elles étaient bien françaises, n'étaient pas pour autant des entités politiques mais des propriétés privées. Pendant tout le XVIIe siècle, la colonisation fut surtout confiée à des compagnies de commerce, sociétés de capitaux qui recevaient le monopole d'exploitation pour plusieurs années. Les découvertes ne pouvaient donc pas être considérées comme des provinces, notion politique, mais comme des propriétés, notion économique. Les compagnies étaient propriétaires de leurs découvertes, qu'elles pouvaient rentabiliser comme une exploitation agricole ou industrielle. De ce fait, seigneurs de leurs terres, elles exerçaient une large partie des prérogatives d'un État souverain. C'est ainsi qu'en 1635 la Compagnie des îles d'Amérique prit possession, au nom du roi, de la Guadeloupe et de la Martinique par simple acte notarial. En 1674, l'État nationalisera les îles en les rachetant à la compagnie, les transformant du même coup en véritables collectivités publiques.

Le critère de réussite pour les colonies a toujours été qu'elles diffèrent le plus possible de la métropole. Pour ce faire, il fallait que leurs productions soient complémentaires de celles du continent et qu'elles ne puissent s'y substituer en faisant concurrence à l'économie métropolitaine. Etabli par des ordonnances de 1717 et 1727, ce «régime de l'Exclusif», comme on l'appelait alors, reposait sur deux principes intangibles.

Houël, actionnaire de la Compagnie des îles d'Amérique, fut nommé gouverneur de la Guadeloupe en 1643. Devenu en 1649 seigneur-propriétaire de l'archipel, il colonisa les Saintes et Marie-Galante et développa l'industrie sucrière.

leurs pouvoirs respectifs, accrus en raison de l'éloignement, les poussant à s'affronter. Ces administrateurs étaient concurrencés par une cour de justice, le Conseil souverain ou supérieur, équivalent des parlements métropolitains, qui disposait d'un large pouvoir réglementaire. Cette institution fut créée en 1645 aux îles d'Amérique et fonctionna en Guyane et à Bourbon à partir de 1724. S'y ajouta, à la fin de l'Ancien Régime (en 1787), une assemblée coloniale qui comprenait des membres de droit (le gouverneur et l'intendant et des députés du Conseil supérieur) et des représentants élus par les villes. L'institution du Conseil souverain fut étendue, sous Louis XIV, aux provinces frontières d'Alsace et du Roussillon notamment : ainsi, les colonies influencèrent en retour l'organisation administrative de la métropole.

Gouverneur des Mascareignes de 1735 à 1746, La Bourdonnais (ci-contre) fit de Saint-Denis la capitale de l'île Bourbon. Il consacra cependant l'essentiel de ses efforts au développement de l'île de France (île Maurice).

En 1669, un règlement royal confia à Colbert, intendant des finances, la charge des marines du Ponant et du Levant. La réunion de ces deux départements ministériels, jusqu'alors séparés, est à l'origine du secrétariat d'État à la Marine, dont les attributions comprenaient également la politique coloniale.

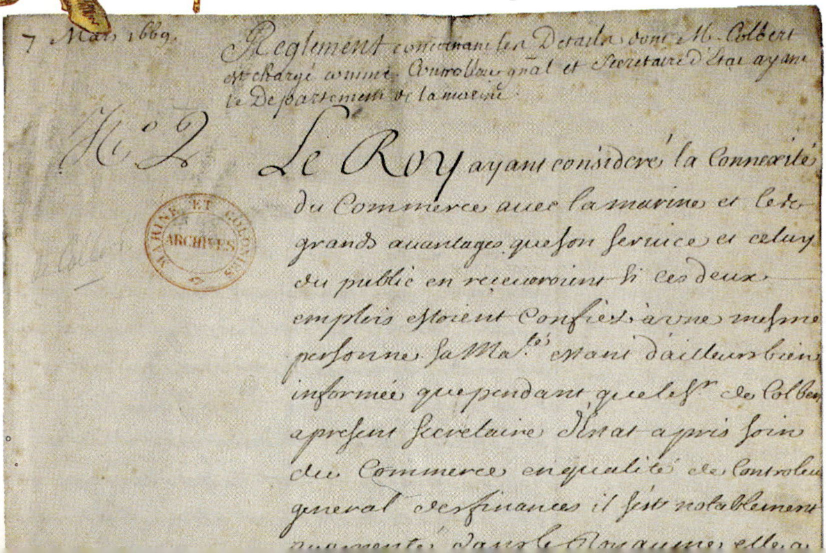

7 Mars 1669.

Reglement concernant les Details dont M. Colbert est chargé comme Controlleur gnal et Secretaire d'Etat ayant le Departement de la marine.

N° 2

de Colbert

MARINE ET COLONIES ARCHIVES

Le Roy ayant consideré la Connexité du Commerce avec la marine et les grands avantages que son service et celuy du public en recevroient si ces deux emplois estoient confiés à une mesme personne Sa Ma.té estant d'ailleurs bien informée que pendant que le S.r de Colbert a present secretaire d'Estat a pris soin du Commerce en qualité de Controleur general des finances il s'est notablement augmenté dans le Royaume, elle a

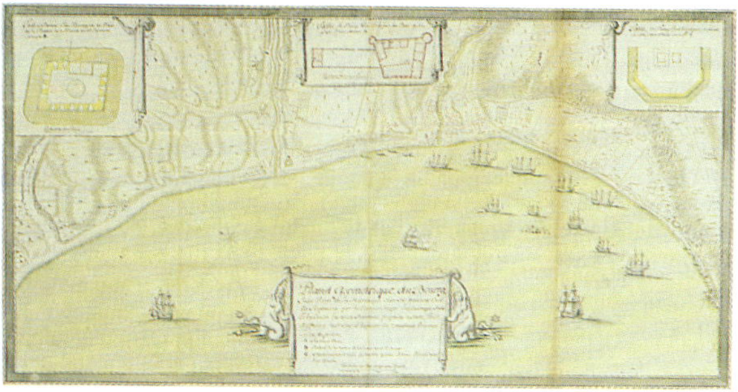

Dès que les colons eurent pris possession de la Martinique, leur première décision fut de construire un fort, le Fort Saint-Pierre, pour défendre leur établissement. C'est autour de ce lieu que se développa l'agglomération de Saint-Pierre au destin brillant et tragique. Capitale commerciale et culturelle de l'île, elle fut détruite par l'éruption de la montagne Pelée qui fit 28 000 morts le 8 mai 1902.

L'esprit d'autonomie des planteurs

Les tendances autonomistes, ce que l'on a appelé l'« esprit américain », se manifestèrent chez les planteurs blancs de l'ensemble des colonies, en Amérique comme à l'île Bourbon. C'est pour des motifs parfois politiques, mais surtout économiques que les planteurs s'insurgèrent contre les lois ou règlements de la métropole; ils s'en prirent aux administrateurs qui représentaient, sur place, le pouvoir central et allèrent quelquefois jusqu'à faire appel à l'étranger, en particulier aux Anglais.

Au début du XVIIIe siècle a lieu à la Martinique le mouvement du Gaoulé (« chahut » en créole) : parce que le gouverneur La Varenne et l'intendant Ricouart ont voulu appliquer de façon stricte l'Exclusif, ils sont arrêtés et renvoyés en 1717. L'épisode est relaté avec humour par Saint-Simon et le jeune roi Louis XV en aurait souri, dit-on. La participation active des Antilles à la guerre d'Indépendance américaine accrut cet esprit d'autonomie.

Sous la Révolution, le bruit courut que les planteurs auraient voulu proclamer la Martinique terre indépendante et donner refuge à Louis XVI. Les villes de l'île, quant à elles, étaient cependant gagnées aux idées révolutionnaires. Saint-Pierre accueillit des Américains qui lui offrirent son premier drapeau tricolore.

Les planteurs de la Martinique et de la Guadeloupe, par l'intermédiaire de Dubuc et de Curt, négocieront, en 1794, avec l'Angleterre pour lui livrer ces îles :

Lors de la guerre d'Indépendance américaine, la Caraïbe fut le théâtre d'importants combats navals, comme en témoigne la rencontre des escadres du comte d'Estaing et de l'amiral Byron à la Grenade en 1778 (page de droite). L'indépendance des colonies anglaises d'Amérique a beaucoup influencé l'esprit d'autonomie des planteurs aux Antilles.

tractations qui aboutiront à la reddition de la Martinique aux Anglais. Toutefois, en 1802, le traité d'Amiens rend l'île à la France, à la grande satisfaction des Martiniquais.

A l'île Bourbon, c'est surtout sous la Révolution que se manifeste l'esprit d'autonomie : opposés à l'application du décret d'abolition de l'esclavage du 4 février 1794, les planteurs, incités en cela par l'Assemblée coloniale, rembarquent de force en 1796 les deux commissaires du Directoire. En 1798, un parti qui prône l'indépendance se constitue. Un projet en vue de cette indépendance est soumis à l'Assemblée coloniale qui le repousse grâce à l'intervention de Villèle, futur ministre de la Restauration. En refusant l'application de ce décret, l'assemblée précise, en 1804, que « la volonté de la colonie est de ne point rompre les liens qui, jusqu'à ce jour, l'ont inviolablement attachée à la France ».

Duparquet, gouverneur général de la Martinique en 1636, racheta en nom propre l'île à la Compagnie des îles d'Amérique, en 1650 et en devint pour quelques années le seigneur-propriétaire.

MOI LIBRE
A Paris, chez Baſſet, *M.d d'Estampes, rue Jacques, au coin de celle des Mathurins.*

La Révolution, en mettant à jour le problème du statut et de la place des colonies dans la Nation, ouvre la voie à leur intégration. La première étape sera la mise en place de l'égalité civile, autrement dit le règlement de la question de l'esclavage. L'abolition, adoptée une première fois par la Révolution mais supprimée par le Consulat, attendra le rétablissement de la République en 1848 pour être un acquis définitif.

CHAPITRE II
L'ÉGALITÉ CIVILE – DE LA RÉVOLUTION À LA IIe RÉPUBLIQUE

La Révolution créa dans les colonies une situation insurrectionnelle qui contraignit la Convention à abolir l'esclavage. Les estampes représentant des Noirs sans-culottes, portant au cou les emblèmes de la raison, se multiplièrent.

La prise en compte du particularisme des colonies s'opposait aux principes de la République, qui se voulait une et indivisible. Les gouvernements révolutionnaires eurent ainsi des difficultés à leur trouver un statut adapté.

Les régimes de la première moitié du XIXe siècle cherchèrent à concevoir le système administratif le plus adapté aux colonies laissées à la France par les traités de 1815, après la chute du Premier Empire. A cette date, l'empire colonial se réduisait pratiquement à la Guadeloupe, à la Guyane, à la Martinique et à La Réunion. La structure administrative qu'elles connaîtront jusqu'à la Seconde Guerre mondiale se mit en place de 1815 à 1848.

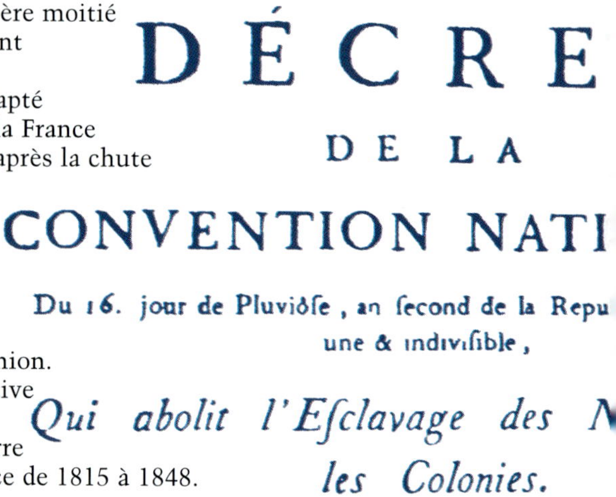
DÉCRE

DE LA

CONVENTION NATI

Du 16. jour de Pluviôse, an second de la Repu

une & indivisible,

Qui abolit l'Esclavage des N

les Colonies.

La question statutaire

Voulant donner une constitution à la France, les révolutionnaires sont rapidement confrontés au problème colonial. Comment transformer les simples établissements de commerce que sont les colonies en véritables collectivités politiques? La Révolution pose tous les termes du débat, sans parvenir à fournir une réponse définitive.

Tout l'effort de la Révolution est de trouver le meilleur statut pour les colonies comme la meilleure constitution pour la France. Problème complexe, car les principes à partir desquels les constituants veulent régénérer le royaume ne s'appliquent pas facilement aux colonies.

D'une part, l'ordre politique nouveau est égalitaire, d'autre part, la Révolution est centralisatrice et unitaire. Or, l'inégalité est le fondement même de la colonie : inégalité des individus, dont certains n'ont même pas d'existence civile, infériorité de la collectivité elle-même, qui se trouve dans la dépendance de la métropole. Supprimer cette inégalité, n'est-ce pas supprimer la colonie? De plus, la monarchie s'était résignée, contrainte par les faits, à décentraliser fortement le gouvernement des colonies.

Les esclaves virent dans la Déclaration des droits de l'homme la promesse de leur émancipation. A l'origine, le pouvoir révolutionnaire ne sembla pas partager cette opinion. Les soulèvements se multiplièrent, en particulier à Saint-Domingue. Pour rallier les révoltés, Sonthonax, représentant des autorités centrales, proclama l'abolition de l'esclavage le 29 août 1793. Il envoya ensuite des délégués à la Convention. L'assemblée les reçut le 4 février 1794 et vota l'abolition dans l'enthousiasme. Danton déclara : « Nous proclamons la liberté universelle! La Convention nationale a fait son devoir. »

Ces difficultés entraînent d'autres interrogations. Puisqu'il faut donner une constitution au royaume, quels seront les citoyens appelés à se prononcer sur son adoption? Faut-il exclure de la citoyenneté les esclaves, considérés jusqu'alors comme des marchandises? A quelle partie du territoire s'appliquera la constitution? En effet, le pacte national peut ne concerner que la partie continentale du royaume, comme s'appliquer à toutes les terres françaises, «nonobstant l'étendue des mers». A ces questions, la Révolution apportera successivement des réponses opposées. Le particularisme des colonies sera d'abord respecté au prix de leur exclusion de la constitution. Le fédéralisme prévaut. Par la suite, elles seront totalement intégrées à la nation, au prix de leur disparition comme entités spécifiques. Ce sera l'assimilation. Faute de s'être jamais interrogée sur la nature des colonies comme collectivités politiques, la Révolution n'a pu résoudre le problème de leur statut. La solution intermédiaire qui aurait consisté à leur réserver un statut spécifique dans la constitution française ne pouvait pas être envisagée par des hommes acquis au centralisme; les constitutions révolutionnaires ne pouvant faire de place à l'exception, conçue comme l'essence même de l'Ancien Régime qu'elles abolissaient.

L'abolition fut illustrée par une abondante imagerie populaire. Il s'agissait de célébrer la réconciliation aux colonies, où les esclaves s'étaient révoltés. Désormais, la République était terre de liberté, en métropole et par-delà les mers.

Finalement, le Consulat renoncera à donner un statut aux colonies; il les placera sous le régime des décrets du pouvoir exécutif. Ainsi, la Constitution de l'an VIII est un aveu d'impuissance : incapable de doter les colonies d'un statut adéquat, le Consulat les installe dans le provisoire. Pendant cent cinquante ans, le régime des décrets, régime du coup par coup et de la facilité, sera l'ersatz inventé par les gouvernements successifs, impuissants à trouver un cadre statutaire à l'outre-mer; impuissants, aussi, à concevoir un véritable projet politique autour des colonies.

L'empire fédéral

C'est sous les premières Assemblées, constituante puis législative, que les idées autonomistes des colons inspirèrent la législation. Toutefois, la discussion des problèmes coloniaux par ces assemblées n'allait pas de soi. Il n'était prévu aucune représentation des colonies aux États généraux; ceux-ci reflétaient, en effet, la division en trois ordres de la société métropolitaine, inapte à traduire l'organisation sociale des colonies; elles n'y avaient donc pas leur place. Les planteurs ne restèrent cependant pas inactifs. Quelques représentants des colons de Saint-Domingue, résidant à Paris et menés par le marquis de Gouy d'Arcy, suivirent de près les premiers événements de l'année 1789. Gouy se trouvait

Gouy d'Arcy fut élu par les planteurs de Saint-Domingue pour les représenter aux États généraux. Il fut l'un des membres les plus actifs du club Massiac qui défendait l'esprit d'autonomie des planteurs. Ce club s'opposa avec virulence à la Société des amis des Noirs, créée en 1789 par Brissot sur le modèle anglais. Les Amis des Noirs se préoccupaient de l'égalité des droits entre Blancs et libres de couleur. Ils réunissaient des personnalités aussi célèbres que Condorcet, La Fayette, Lavoisier ou Mirabeau.

À La Réunion, la nouvelle orientation de la politique coloniale qui aboutit à l'abolition de l'esclavage, ne fut jamais acceptée. La population de l'île continua à être séparée en trois classes inégales en droit, Blancs, libres de couleur et esclaves. L'assemblée coloniale refusa de proclamer le décret d'abolition et rédigea un projet de constitution qui plaçait l'île dans une situation d'autonomie. L'indépendance fut même évoquée un temps; elle aurait permis de dégager l'île de l'influence de l'île Maurice, objet de tous les soins de la France.

au Jeu de paume le 20 juin et prêta serment avec les députés légalement désignés. La nouvelle Assemblée nationale accepta dès lors que toutes les colonies jouissent d'une députation en son sein.

Depuis le mois d'août existait aussi la société correspondante des colons français, ou club Massiac, du nom de l'hôtel particulier qui accueillait ses réunions, place des Victoires, à Paris. Il s'agissait d'un lobby de planteurs dont l'activité de propagande devint rapidement efficace dans tout le royaume. Les idées discutées dans cette société inspirèrent tout le travail des premières Assemblées sur la législation des colonies. Les colons trouvèrent en Antoine Barnave, député du Dauphiné, leur plus brillant avocat.

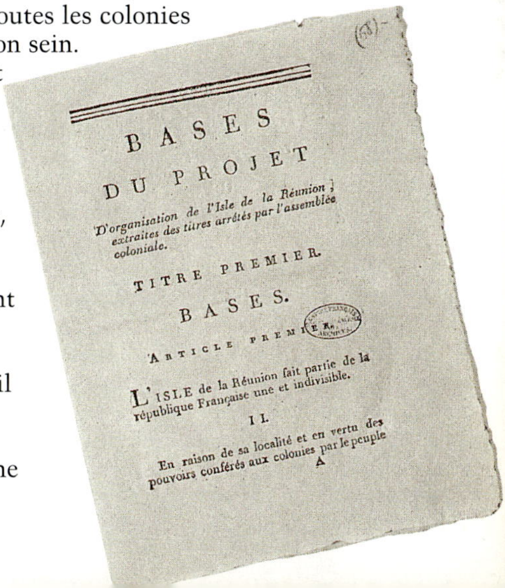

BASES
DU PROJET
D'organisation de l'Isle de la Réunion ; extraites des titres arrêtés par l'assemblée coloniale.

TITRE PREMIER.
BASES.
ARTICLE PREMIER.

L'ISLE de la Réunion fait partie de la république Française une et indivisible.

II.

En raison de sa localité et en vertu des pouvoirs conférés aux colonies par le peuple

A

Leur projet tient en quelques postulats. Tout d'abord, les colonies ne sont pas identiques aux autres provinces françaises. Elles n'ont, d'ailleurs, pas été touchées par la réorganisation territoriale de février 1790 qui a créé les départements. Barnave dit très clairement qu'elles offrent «dans l'ordre politique une classe d'êtres particuliers qu'il n'est pas possible ni de confondre ni d'assimiler avec les autres corps sociaux». Donc, les lois métropolitaines ne peuvent s'y appliquer. La conséquence, seule compatible avec les idées centralisatrices du temps, est qu'elles ne peuvent pas être comprises dans la constitution et doivent bénéficier d'un statut particulier, être «constituées», dira Barnave. La formule sera reprise intégralement dans le seul article relatif aux colonies de la Constitution du 3 septembre 1791.

Il est donc admis que les liens existant entre la métropole et les colonies sont d'une nature différente de ceux qui unissent les provinces du continent à l'État. Reste à imaginer comment vont s'articuler les constitutions des différentes composantes de l'empire.

Dès mars 1790, les colonies sont invitées à élire des assemblées représentatives qui élaboreront des projets de constitution et les soumettront à la sanction de l'Assemblée nationale. Leur liberté n'est pas totale puisqu'elles doivent respecter quelques principes fondamentaux. Barnave va distinguer les lois du régime extérieur de la colonie de celles de son régime intérieur. Les premières sont communes à tout l'empire. Ce sont les lois qui lient les colonies à la métropole, au premier rang desquelles on trouve le régime commercial et douanier, la défense et la politique extérieure. Les secondes sont totalement spécifiques aux colonies et, comme telles, laissées à leur appréciation. Les colonies héritent donc d'une véritable autonomie,

A La Réunion et dans toutes les colonies, l'essentiel de la défense était assuré par une milice formée de tous les hommes libres.

garantie par une large délégation de souveraineté. Quant au régime extérieur, il relève de la compétence de l'empire; c'est en effet l'Assemblée nationale, où sont représentées les colonies, qui en édicte les lois; il est important de remarquer que le régime extérieur n'est pas laissé à la discrétion de la seule métropole mais que les colonies participent à sa réglementation. Ainsi, les colonies auront leur mot à dire sur les relations commerciales et douanières qu'elles entretiennent avec la métropole. Le système commercial étant une des causes majeures de leur dépendance, une telle construction libéralisait singulièrement leur régime.

Autonomie législative interne, participation à la législation commune : par cette superposition d'ordres juridiques, les constituants avaient conçu un empire de type fédéral. A cette date, une telle construction était elle-même... révolutionnaire, puisque contraire à l'esprit centralisateur de la Révolution.

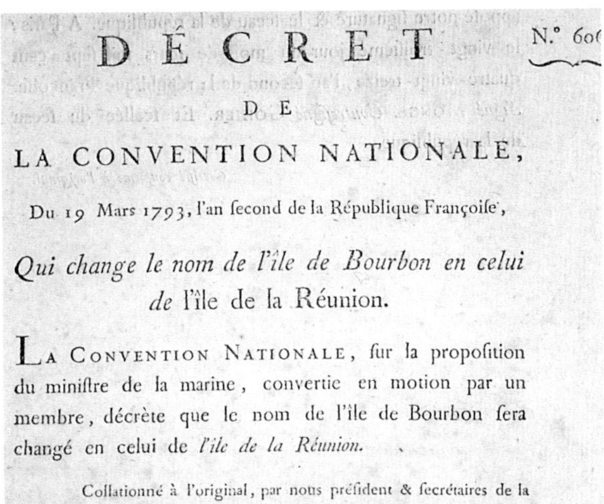

DÉCRET N.° 606

DE

LA CONVENTION NATIONALE,

Du 19 Mars 1793, l'an ſecond de la République Françoiſe,

Qui change le nom de l'île de Bourbon en celui de l'île de la Réunion.

LA CONVENTION NATIONALE, ſur la propoſition du miniſtre de la marine, convertie en motion par un membre, décrète que le nom de l'île de Bourbon ſera changé en celui de *l'île de la Réunion.*

Collationné à l'original, par nous préſident & ſecrétaires de la Convention nationale. A Paris, ce 23 mars 1793, l'an

Dans le domaine du symbole, l'une des actions les plus constantes de la Révolution fut de remplacer les noms de lieux à consonance religieuse ou monarchiste par des noms républicains ou patriotiques. Aux Antilles, c'est ainsi que Fort-Royal devint Fort-de-France et que Port-au-Prince devint Port-Républicain. Dans les Mascareignes, on alla même jusqu'à changer le nom de la colonie : l'île Bourbon devint La Réunion par un décret du 19 mars 1793. En 1806, elle fut rebaptisée île Bonaparte, puis à nouveau île Bourbon sous la Restauration. Ce n'est qu'en 1848 qu'elle redevint définitivement La Réunion.

Dans l'histoire traditionnelle de la Révolution française, le fédéralisme évoque à tort l'entreprise séparatiste des Girondins accusés d'avoir voulu diviser la nation. En vérité, le seul fédéralisme authentique sous la Révolution est dû aux colonies. C'est même l'une des rares tentatives faites, jusqu'à nos jours, pour à la fois penser et réaliser ce que pourrait être un fédéralisme à la française.

L'assimilation

L'empire fédéral n'aura pas d'existence. En faisant adopter l'autonomie interne des colonies, les planteurs entendaient surtout se réserver la législation sur l'état des personnes. Ils désiraient par là exclure les hommes de couleur de la citoyenneté. L'adoption de tels principes par l'Assemblée nationale, en contradiction avec

La révolte des esclaves fut particulièrement vive à Saint-Domingue. Appuyé par les Espagnols de l'est de l'île, Toussaint Louverture (ci-contre), ancien esclave affranchi, finit par prendre la tête du soulèvement. Les insurgés menèrent une politique très répressive à l'égard des Blancs (ci-dessus) et des anciens libres de couleur. Le pouvoir central ne put jamais rétablir l'ordre, et les troubles furent à l'origine de l'indépendance de l'île, malgré l'arrestation de Toussaint par les troupes de Bonaparte.

l'esprit de la Déclaration des droits de l'homme, provoqua, dès 1790, la guerre civile aux colonies. Les mulâtres désirant accéder à la citoyenneté, les esclaves à la liberté, ils se révoltèrent. En août 1791 débuta la grande rébellion des esclaves de Saint-Domingue. Les Français ne purent jamais faire revenir le calme : dès cette époque, l'île était perdue pour la métropole.

Si la Convention, élue en septembre 1792, change complètement l'orientation de la politique coloniale, elle est tout autant mue par les désordres locaux qu'inspirée par ses principes centralisateurs. Elle abolit l'esclavage le 4 février 1794 (16 pluviôse an II) et décide, à l'été 1795, l'assimilation des colonies et leur intégration à la Constitution. C'est Boissy d'Anglas qui est chargé du rapport sur la proposition d'article constitutionnel relatif à l'outre-mer.

Le décret proposé est d'une simplicité qui tranche avec les projets fédéralistes : «Les colonies françaises dans toutes les parties du monde font partie intégrante de la République française. Elles sont soumises aux mêmes lois constitutionnelles.» Ce décret est intégré à la constitution du 5 fructidor an III (22 août 1795). Conséquence logique du nouveau régime : la constitution organise les colonies en départements. Elles disparaissent comme collectivités spécifiques.

Les désordres locaux expliquent que la Constitution de l'an III ne fut guère appliquée aux colonies. Le Consulat mit fin à cette première expérience départementale de l'outre-mer, trop brève pour qu'on puisse en dresser le bilan.

L'abolition de l'esclavage n'entraîna pas la dissolution de l'armée de Toussaint Louverture, formée d'anciens esclaves, les «jacobins noirs». Ces derniers occupèrent quelque temps la partie orientale de Saint-Domingue. Farouches défenseurs de leur liberté, ils luttèrent contre les troupes envoyées par Bonaparte qui, en 1802, voulut rétablir l'esclavage.

L'exotisme dans l'art et la littérature

Les colonies ont nourri de tout temps l'imaginaire des Européens. Les beaux-arts et la littérature se sont approprié les stéréotypes propres à l'exotisme. Les fruits tropicaux étaient un sujet apprécié des peintres de nature morte (ci-dessous). La représentation de l'exotisme atteignit son apogée à la fin du XVIIIe siècle. avec *Paul et Virginie* de Bernardin de Saint-Pierre. Ce récit inspira la peinture et la sculpture mais aussi la céramique et l'impression des tissus décoratifs, en particulier les toiles de Jouy. L'exotisme perdura jusqu'au début du xxe siècle, sous différentes formes dont la plus caricaturale est le «doudouisme».

La mode créole

Au XVIIIe siècle, la mode favorisa les échanges entre la métropole et les colonies. Celles-ci influencèrent durablement les habitudes vestimentaires des Européens en faisant connaître la toile de coton, fabriquée en Inde, pour la confection du costume. Certaines toiles de coton à carreaux, appelées madras, particulièrement appréciées aux îles, devinrent un symbole de l'exotisme et furent également adoptées par les Européens. Le «sans façon» colonial finit par conquérir l'Europe après que Marie-Antoinette se fut montrée dans une ample robe de coton unie comme celles que portaient les femmes des planteurs : la mode de la «chemise à la reine» était lancée. L'accession au pouvoir de Napoléon Bonaparte, marié à la Martiniquaise Joséphine de Beauharnais relança la mode créole en métropole.

1798-1848 : mûrir l'héritage révolutionnaire

La première moitié du XIXe siècle se caractérise par la mise en place d'une administration plus spécifique aux colonies. Elle se situe, sur le plan des droits de l'homme et de l'organisation sociale, entre le rétablissement de l'esclavage par le régime napoléonien en 1802 et son abolition en 1848 sous la IIe République.

Sur le plan économique, la production de sucre de betterave, favorisée par Napoléon, concurrence le sucre de canne des Antilles. Cela n'empêche pas l'île Bourbon de connaître, à partir de 1815, une certaine prospérité en se spécialisant dans la culture de la canne, en raison de la cession à l'Angleterre de sa voisine, l'île de France (l'île Maurice), qui assumait jusque-là la plus grande partie de la production sucrière.

L'administration impériale

L'administration des colonies est confiée à trois administrateurs : le capitaine général, le préfet colonial et le grand juge. Au capitaine général, sont conférés essentiellement des pouvoirs militaires.

EXTRAIT du registre des arrêtés de l'Agence particulière du Directoire exécutif, aux Isles du vent.

CONSTITUTION Art. 156. « Les Agens particuliers exerceront les mêmes fonctions que le « Directoire et lui seront subordonnés. »

L'AGENT PARTICULIER

DU DIRECTOIRE EXÉCUTIF

DE LA RÉPUBLIQUE FRANÇAISE

au Isles du vent.

Il est doté de cette attribution importante qu'est le pouvoir de nommer à tous les postes de l'administration et de l'ordre judiciaire les personnes de son choix.

Le préfet colonial détient, pour sa part, «l'administration des finances, la comptabilité générale et généralement, tout ce qui était ci-devant attribué aux intendants ou ordonnateurs». Quant au troisième administrateur, le grand juge, qui peut édicter des règlements enregistrés après approbation du capitaine général, «il préférera les lois qu'il croira les plus propres à former à l'avenir le Code civil et criminel de la colonie».

Une partie de la législation métropolitaine est introduite outre-mer. Ainsi le Code civil est étendu aux colonies, mais avec des adaptations. Ses dispositions, introduites par arrêté des administrateurs, soulèveront notamment les objections des planteurs. Ce n'est que progressivement, tout au long du XIXe siècle et au-delà, qu'il s'inscrira dans la législation des colonies.

Sous le Directoire, l'assimilation totale prévaut entre les colonies devenues départements et la métropole. Toutefois, les agents du gouvernement dans les colonies portent un uniforme particulier. Le grand uniforme en velours bleu doublé de rouge, imposé par la loi du 5 pluviôse an IV (25 janvier 1796) s'étant montré trop chaud, le 7 fructidor an VII (13 septembre 1799), le Conseil des Cinq-Cents fixa un habit plus léger, sans doublure.

Lorsque Victor Hugues arriva à la Guadeloupe pour y faire appliquer l'abolition, l'archipel était aux mains des Anglais. Aidé des quelques centaines d'hommes qui l'accompagnaient, il reprit la Guadeloupe en commençant par le fort Fleur d'Epée (page de gauche).

La première moitié du XIXe siècle est pour les planteurs des Antilles, ou békés, comme la famille Roubeau, une période d'apogée économique. L'esclavage, rétabli par Bonaparte en 1802, est cependant de plus en plus contesté. Ainsi, la traite est interdite par le Congrès de Vienne en 1815, mais elle continue de manière clandestine. Le marché du sucre est en pleine croissance, malgré la concurrence du sucre de betterave, dont la méthode de fabrication vient d'être découverte. Les plantations sucrières sont en expansion et confirment leur suprématie dans l'économie des Antilles, de La Réunion et, à un moindre degré, de la Guyane. Le mariage impérial de Joséphine de Beauharnais, créole martiniquaise, a permis aux békés d'occuper une place dans la haute société métropolitaine. Mais la révolution industrielle, qui nécessitait d'importants capitaux, atténua la suprématie des planteurs au profit des banques et des investisseurs métroplitains, qui furent souvent à l'origine des nouvelles raffineries industrielles.

Les fondements de l'administration coloniale moderne

Un régime particulier, promis à une grande longévité, est instauré aux colonies dans les dernières années de la Restauration et mis en place en 1825 à La Réunion et en 1827 aux colonies d'Amérique.

La fonction de gouverneur est rétablie. Le gouverneur détient à la fois les pouvoirs militaires et la haute administration civile. Sous ses ordres sont placés les chefs d'administration, notamment le directeur de l'intérieur, qui deviendra le secrétaire général. Désormais, le gouverneur détient à la fois les pouvoirs législatif et exécutif. Il décide par arrêté de l'application de l'ensemble de la législation française aux colonies, pouvoir exorbitant dont les députés demanderont l'abolition par la loi de départementalisation, en 1946.

Le gouverneur est cependant assisté, dans l'exercice de ses fonctions civiles, d'un conseil général et d'un conseil privé, équivalent des conseils de préfecture en métropole. Le conseil privé est composé d'administrateurs et de notables, proposés par le conseil général, nommés par le roi et plus tard par le président de la République. Le conseil général a, lui, pour mission de délibérer et de donner son avis sur les affaires locales. Un conseil colonial lui est substitué en 1833. Composé de membres élus au suffrage

Capitaine de vaisseau, Marie Jean-François Layrle fut promu gouverneur de la Guyane le 16 octobre 1842. Nommé gouverneur de la Guadeloupe le 24 août 1845, il commença par appliquer les lois Mackau (ministre de la Marine et des colonies) qui adoucissaient le sort des esclaves. Poussé par le conseil municipal de Pointe-à-Pitre, il proclama l'abolition de l'esclavage en Guadeloupe le 27 mai 1848, six jours après la Martinique.

En bas, à droite, les soeurs de Saint-Joseph-de-Cluny

censitaire, pour une durée de cinq ans, il se réunit au moins une fois l'an pour discuter et voter le budget, fixer l'assiette de l'impôt, faire connaître les besoins et les vœux de la colonie. Il nomme des délégués auprès du gouvernement, car les colonies ne sont pas représentées à la Chambre des députés. Le conseil colonial est supprimé en 1848 pour être rétabli par le Second Empire sous la dénomination de conseil général.

L'enseignement dispensé par les congrégations religieuses

Dans la première moitié du XIXe siècle, l'instruction se développe et s'étend à la population de couleur. Les congrégations religieuses participent à sa diffusion. En Guyane, les sœurs bleues de Saint-Joseph de Cluny (photographie ci-dessous) seront, dès la fin des années 1830, employées par le ministère de la Marine comme de véritables fonctionnaires pour préparer l'émancipation des esclaves, par la catéchèse sur les «habitations». Elles procéderont elles-mêmes à de nombreux affranchissements. Les Frères de l'Instruction chrétienne, dits de Ploermel, sont accueillis en Guadeloupe en 1838, puis en Martinique en 1839.

L'abolition de l'esclavage mobilisa les «clubs» et fit partie intégrante du programme du Gouvernement provisoire de la IIe République.

En 1846, l'État essaye d'organiser l'instruction élémentaire à destination des esclaves, sans grand succès. La IIe République elle-même aura recours à l'enseignement dispensé par les congrégations religieuses.

L'abolition de l'esclavage fut accompagnée, à La Réunion, de grandes festivités, dignes du formidable espoir qu'elle suscita.

La révolution de 1848

Sur le plan social, c'est l'abolition de l'esclavage qui, entraînant l'égalité civile, constitue l'évolution majeure de la période. Décrétée dans les colonies anglaises dès 1833, la fin de l'esclavage fut préparée en France par une intense propagande de mouvements et d'associations abolitionnistes anglo-saxons et français.

Dès la fin de la Restauration, Victor Schœlcher (1804-1893) œuvre sans relâche pour l'abolition. Il inspire le gouvernement provisoire issu de la révolution de février 1848, qui se prononce pour l'émancipation générale, et dans les délais les plus brefs, des esclaves des colonies françaises (environ 150 000 pour la Guadeloupe et la Martinique). Une commission d'abolition de l'esclavage, dont la présidence lui est confiée, se réunit au début de mars

et prend, au terme de ses travaux, le décret d'abolition du 27 avril 1848, qui prévoit la libération des esclaves après un délai de quelques mois. Sur place, des révoltes d'esclaves provoquent l'application immédiate de la mesure. Les nouveaux hommes libres deviennent des citoyens français et sont appelés à participer à l'élection de l'Assemblée constituante au suffrage universel.

Mulâtre martiniquais, Bissette fut le principal concurrent de Victor Schœlcher au sein du mouvement abolitionniste. Il fut élu député de la Martinique en 1848.

L'œuvre assimilatrice de la IIe République

Les colonies étant à nouveau représentées au sein du pouvoir législatif national, le droit métropolitain doit leur être étendu, autant que possible. Cependant, l'assimilation n'a pas de conséquences immédiates pour les institutions locales. En particulier, les conseils coloniaux, élus au suffrage censitaire sous la Monarchie de Juillet, sont supprimés sans être remplacés par un conseil général comme en métropole.

Dès février 1848, l'abolition de l'esclavage fut l'un des principaux éléments du programme du Gouvernement Provisoire de la IIe République.

Le décret Schœlcher du 27 avril 1848 abolit définitivement l'esclavage dans les colonies et l'extension du suffrage universel à l'outre-mer assure une vaste audience aux idées assimilatrices de la IIe République. La réforme devient la charte d'une bourgeoisie de couleur acquise aux idées républicaines qui, jusqu'en 1946, soutient la lutte pour la départementalisation des quatre colonies. Les Antilles, La Réunion et la Guyane emprunteront chacune leur propre voie vers l'assimilation politique.

CHAPITRE III

L'INTÉGRATION RÉPUBLICAINE ET SES LIMITES (1848-1946)

Sous la IIIe République, la population de couleur accède aux responsabilités. Ainsi, G. Candace (page de gauche) est député de la Guadeloupe de 1910 à 1940.

La II République aux Antilles

De 1848 au coup d'État du 2 décembre 1851 s'instaure aux Antilles une vie démocratique, fondée sur le suffrage universel et une certaine similitude institutionnelle entre les colonies et la métropole. En 1849, les députés, deux pour chacune des colonies, sont élus à l'Assemblée législative. Il s'agit, pour la Guadeloupe, de Schœlcher et Perrinon qui représentent un courant dit «rouge», alors que l'heure est plutôt au Parti de l'ordre.

La liberté est aussi étendue à la presse. Jusqu'en 1848, en dehors des journaux gouvernementaux, la presse exprimait les idées des notables blancs. En 1849 paraît, en Guadeloupe, un journal de sensibilité schoelchérienne, *Le Progrès*, et en 1850, son équivalent à la Martinique, *La Liberté*. Une diversification qui sera de courte durée.

Issu de la bourgeoisie alsacienne, Victor Schœlcher (ci-contre, à gauche) devient l'un des principaux acteurs du courant abolitionniste grâce à son mémoire «Abolition immédiate de l'esclavage, [...]» (1842). Il a découvert l'esclavage lors d'un voyage dans les Antilles françaises, en 1840. Nommé en 1848 sous-secrétaire d'État chargé des colonies, il est l'auteur du décret d'abolition du 27 avril. Il fait dépêcher localement des commissaires chargés de faire appliquer la réforme; son ami Auguste Perrinon, (ci-contre, à droite) premier polytechnicien de couleur, est ainsi envoyé en Martinique. Élu en août à la fois en Guadeloupe et en Martinique, Schœlcher opte pour cette dernière, permettant à son suppléant guadeloupéen, Louisy Mathieu, d'être le premier Noir à siéger à l'Assemblée. Opposant au coup d'État du Deux-Décembre, il part en exil et ne rentre en France qu'après la chute de l'Empire. Élu sénateur à vie en 1875, il meurt à Houilles en 1893.

Le second Empire aux Antilles : régression et évolution

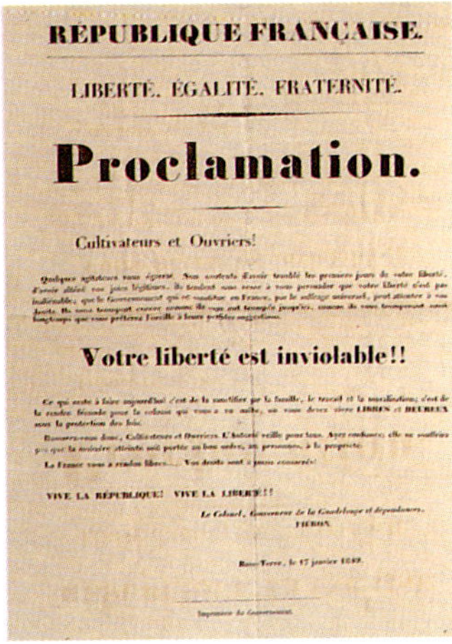
RÉPUBLIQUE FRANÇAISE.

LIBERTÉ. ÉGALITÉ. FRATERNITÉ.

Proclamation.

Cultivateurs et Ouvriers!

Votre liberté est inviolable!!

VIVE LA RÉPUBLIQUE! VIVE LA LIBERTÉ!!

Le régime issu du coup d'État de Louis Napoléon Bonaparte semble constituer une régression. Le suffrage universel disparaît. De fait, la représentation des colonies au sein du Corps législatif n'existe plus. Comme à l'époque de la Monarchie de Juillet, les assemblées locales désignent des délégués à un comité consultatif des colonies. Mais ce comité est placé auprès du gouvernement et non du Corps législatif, et ses membres ne sont en aucun cas des députés.

L'organisation institutionnelle des colonies ne dépend pas du Corps législatif mais du Sénat, par sénatus-consultes. Le mode de recrutement de cette assemblée, composée de membres de droit et de membres nommés, fait que le Sénat exprime, en la matière, les orientations du pouvoir exécutif. En mai 1854 intervient le premier sénatus-consulte relatif à la Guadeloupe et à la Martinique. Il maintient la subdivision de ces colonies en communes, mais les conseillers municipaux sont nommés par le gouverneur. Un conseil général est rétabli et succède aux anciens conseils coloniaux. On revient à la terminologie de la fin de la Restauration. Toutefois, si une moitié de ses membres est élue par les conseils municipaux, l'autre moitié est désignée par le gouverneur. Aucune condition censitaire n'est imposée pour être membre du conseil général, sinon des conditions de citoyenneté, d'âge, de résidence. Mais les choix des gouverneurs se sont portés sur des notables blancs, très rarementsur des hommes de couleur. Le conseil général de 1854 a des attributions limitées, essentiellement d'ordre fiscal et budgétaire. Ces attributions peuvent être revues et corrigées parle gouverneur. Son fonctionnement aussi est soumis à la tutelle de ce dernier.

Aux Antilles, l'abolition de l'esclavage fut imposée par les esclaves révoltés avant même l'arrivée du décret du 27 avril 1848. Ces premières émeutes furent le prélude à d'autres manifestations, parfois violentes, en particulier en période électorale : ainsi, en 1849, des émeutes à Marie-Galante obligèrent à organiser, en 1850, en Guadeloupe, de nouvelles élections législatives.

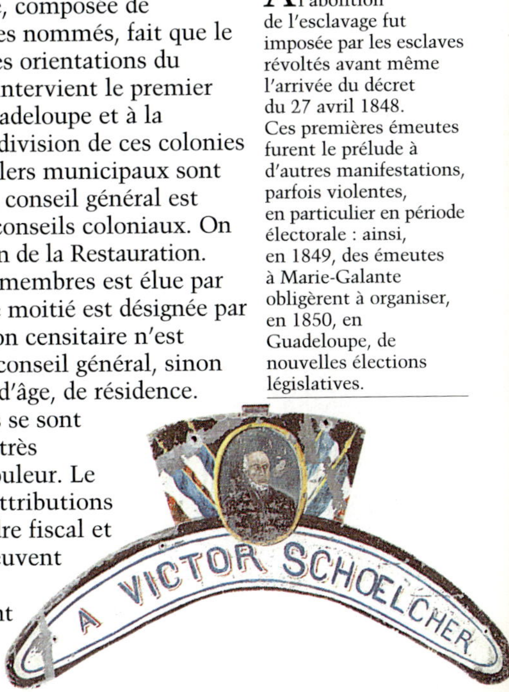

L'évolution du régime impérial à partir de 1860 a des répercussions aux Antilles. Sur place, des notables n'hésitent pas à réclamer un retour au suffrage universel. En 1866, l'Empire va, dans une certaine mesure, faire droit à la revendication d'élargissement des attributions

Après une première tentative aux élections municipales de Pointe-à-Pitre en 1892, Hégésippe Légitimus, père du socialisme guadeloupéen, fut élu, en 1894, conseiller général du Lamentin. Devenu député et président du conseil général en 1898, il dut affronter une scission au sein de son parti. Pour faire face à la crise sucrière, il se rapprocha des usiniers, suscitant les critiques de ses partisans. Accusé à tort de fraude électorale, il mit un terme à sa carrière politique en 1914.

du conseil général. Il reçoit en particulier le droit de voter les tarifs de douane sur les produits importés de l'étranger. C'est une satisfaction majeure donnée à la vieille revendication coloniale de liberté commerciale. Napoléon III étend ainsi aux colonies le libéralisme économique qu'il fait prévaloir en métropole. Rapidement, le conseil général de la Martinique vote la suppression de ces droits de douane, favorisant les relations économiques avec les États-Unis. Cette entorse au système de l'Exclusif fut toutefois de courte durée.

Sur le plan politique, le Second Empire facilite, malgré lui, le triomphe du schœlchérisme comme idéologie de la gauche antillaise. L'opposition farouche de Schœlcher à l'Empire, Empire vécu en Martinique et en Guadeloupe comme un retour au régime d'exception pour les colonies, favorise la diffusion de ses thèses dans les milieux républicains antillais : jusqu'à la départementalisation, schœlchérisme et assimilationnisme furent employés indifféremment.

Fondée par les Anglais en 1763, Pointe-à-Pitre devint rapidement la capitale économique de la Guadeloupe, rôle dans lequel elle fut confortée par le libéralisme économique du second Empire. La Compagnie générale transatlantique la choisit comme port de relâche aux Antilles à la fin du XIXe siècle.

Doté d'importants pouvoirs par le Second Empire, le conseil général, désormais assemblée élue, joua sous la IIIe République un rôle essentiel dans la vie politique.

L'éruption de la montagne Pelée, le 8 mai 1902, est la catastrophe majeure de l'histoire de la Martinique. D'autant plus meurtrière qu'elle survint un jour d'élection, elle détruisit complètement la capitale économique de l'époque, Saint-Pierre, et fit vingt-huit mille morts. Elle décima l'administration, tuant le gouverneur, et presque toute l'aristocratie béké. Elle fut à l'origine du déplacement de la population et de l'activité économique vers Fort-de-France, et de l'ascension sociale des mulâtres, favorisée par la quasi-disparition des békés.

Vers la départementalisation des Antilles (1870-1946)

La IIe République et le Second Empire laissent un legs institutionnel que la IIIe République va faire fructifier.

Le suffrage universel est rétabli, à la fin de 1870, en Martinique et en Guadeloupe. En 1871, des élections sont organisées. La représentation coloniale est, elle aussi, rétablie. Guadeloupe et Martinique auront des représentants, deux par colonie, à l'Assemblée nationale; après le vote des lois constitutionnelles de 1875, elles seront représentées à la Chambre des députés et au Sénat.

Conseils municipaux et conseils généraux sont maintenus. Les colonies bénéficient des grandes lois républicaines relatives au régime municipal (lois de 1882 et de 1884) et à l'organisation des départements (loi du 10 août 1871). Mais le conseil général, fait important, conserve les pouvoirs qui lui avaient été conférés par le sénatus-consulte de 1866. Ainsi, jusqu'en 1946, date de la loi de départementalisation, les assemblées des colonies,

La participation des «vieilles colonies» à la Première Guerre mondiale, commémorée par les associations d'anciens combattants, fut à l'origine de l'érection de nombreux monuments aux morts. Elle prouva l'attachement de leurs habitants à la France.

En 1928, un cyclone rasa la quasi-totalité des bâtiments publics de Guadeloupe, alors construits en bois. Le gouverneur fit appel à un architecte du ministère des colonies, Ali Tur. La reconstruction s'acheva en 1937 avec le palais du gouverneur (ci-contre). Entre-temps avaient été réalisés plus de cent bâtiments. L'ensemble constitue un bel exemple d'adaptation de l'architecture des années 1930 au contexte tropical.

bien qu'organisées sur le même modèle que les conseils généraux métropolitains, auront des attributions plus importantes. Cependant, certaines de ces prérogatives seront réduites ou disparaîtront à la fin du siècle dernier : notamment l'autonomie douanière, qui, accordée par le Second Empire, fut supprimée en 1892 par une loi dite d'assimilation douanière.

Les progrès de l'assimilation politique des « vieilles colonies » ne peuvent cependant pas les soustraire totalement au régime d'exception du système colonial. Elles continuent, en particulier, à vivre sous le régime des règlements administratifs jusqu'en 1946.

La IIIe République, si elle leur rend leur représentation au Parlement, ajoute toutefois une curiosité de plus à leur situation. En effet, les députés d'outre-mer sont amenés, pendant toute cette période, à voter des lois qui ne s'appliquent pas automatiquement à leurs circonscriptions. Seuls des décrets et des arrêtés peuvent leur donner plein effet dans les colonies.

Le cyclone du 12 septembre 1928 ravagea la Guadeloupe, faisant plus de mille cinq cents victimes et des dégâts matériels considérables. Il affecta momentanément la vie économique de l'archipel.

L'impérialisme du sucre

La canne à sucre occupe à partir de 1850, aux Antilles, plus de 50% des superficies cultivables (65 000 hectares sur 119 000) car les grands propriétaires se sont spécialisés pour répondre à une demande accrue. Deux facteurs permettent cette évolution : l'immigration d'ouvriers venus d'Inde, main-d'œuvre abondante et bon marché que l'on traitait si mal que près de la moitié d'entre eux périrent en Martinique; la mise en place d'un système bancaire favorable à l'industrialisation .
A la fin du XIXe siècle, l'industrie sucrière est ébranlée par la surproduction et par une crise financière et sociale. En 1922, le contingentement des importations de rhum et de sucre, obtenu par le groupe de pression des betteraviers, poussa les planteurs à diversifier leurs productions.

N.R.
852
NORTHERN
N.R.
852

Un nouveau produit : la banane

Face à une économie sucrière en déclin, les planteurs cherchèrent de nouveaux débouchés dans le cadre traditionnel de l'économie de plantation. C'est aux Antilles que la diversification connut la plus belle réussite avec l'acclimatation de la banane. La culture de ce fruit, dont la production à grande échelle débuta après 1918, s'imposa difficilement. Elle connut une progression rapide dans les années 1930. A la veille de la Seconde guerre mondiale, grâce à l'aide de l'État et à d'importantes campagnes publicitaires, la banane était, en valeur, le troisième produit exporté de la Martinique et le second de Guadeloupe. Cette production relégua le rhum à la troisième place.

Sous la IIIe République, la revendication des divers courants politiques demeure la départementalisation. Plusieurs propositions de loi sont déposées en ce sens sur le bureau des assemblées. En métropole, on ne semble guère pressé d'y donner suite. Par ailleurs, les élites politiques locales restent attachées aux prérogatives héritées du sénatus-consulte de 1866 élargissant les pouvoirs des conseils généraux, qu'un alignement sur la métropole ferait disparaître. Toutefois, après la guerre de 1914-1918, plusieurs circonstances vont accélérer l'évolution vers la départementalisation. Obtenant satisfaction à la vieille revendication de l'« impôt du sang », Guadeloupéens et Martiniquais ont participé à la Grande Guerre. Cette participation a entretenu et développé un sentiment patriotique : la France n'était plus une donnée abstraite.

Une vive émotion naît au lendemain de la guerre, quand on s'inquiète de l'éventualité d'une cession des Antilles françaises aux États-Unis, en paiement des dettes de guerre. La départementalisation n'est-elle pas la meilleure des garanties contre la cession à un pays crédité

Dans les quatre colonies, le régime de Vichy marqua un retour à une société de discrimination raciale, sous la tutelle des représentants de l'État français, comme l'amiral Robert aux Antilles. Ainsi, tous les maires de couleur, tel Victor Sévère à Fort-de-France, furent remplacés par des Blancs acquis au nouveau régime. En Martinique, la presse fut muselée : la censure de l'amiral Robert s'exerça sur *Tropiques*, la revue littéraire d'Aimé Césaire. La résistance à cette oppression fut le fait des gaullistes et des communistes. Cela explique la prééminence politique du Parti communiste après guerre dans les départements d'outre-mer, qui n'entama pas toutefois le crédit du général De Gaulle.

L'hôtel de ville de Fort-de-France.

de comportements peu favorables aux gens de couleur?

De 1940 à 1943, Guadeloupe et Martinique, coupées de la métropole, vivent sous la férule de l'amiral Robert, tenant du régime de Vichy. Robert instaure un régime raciste, multipliant les illégalités à l'égard des personnes de couleur. Les Antillais ont le sentiment de connaître une régression au plan institutionnel, voire au plan de la citoyenneté. Le retour de la République renforce leur volonté de ne plus vivre sous des régimes dérogatoires, contraires aux institutions. Or, le régime colonial, certes sans commune mesure avec le régime de l'amiral Robert, était un régime d'exception.

A cette période, un autre facteur déterminant est la volonté de la fédération communiste de la Martinique, alors fédération du Parti communiste français, de faire bénéficier les classes populaires des réformes sociales engagées en métropole. Rapportée par Aimé Césaire, député de la Martinique, la proposition de loi de départementalisation est adoptée, à l'unanimité, par l'Assemblée constituante le 14 mars 1946.

Homme de couleur né en Guyane, Félix Éboué appartenait aux élites intellectuelles locales promues par la République et acquises à la politique d'assimilation. Il n'hésita pas à entrer dans l'administration coloniale en y exerçant les plus hautes fonctions. Il fut l'artisan du ralliement des colonies d'Afrique à la France Libre et organisa notamment la conférence de Brazzaville, en 1944. Des travaux de cette conférence est issue la doctrine coloniale qui inspira les gouvernements d'après guerre.

L'instauration des libertés républicaines à La Réunion rencontre une forte opposition locale

Le décret Schœlcher entre en application à La Réunion le 20 décembre 1848. Le gouvernement de la République accorde aux 60 000 esclaves libérés le titre de citoyen français et les droits politiques, mais les colons s'opposent à la participation des nouveaux libres aux premiers scrutins. L'abstention est donc forte; seuls 18 % des électeurs votent en 1849. Cette obstruction n'empêche cependant pas les nouveaux libres

L'abolition de l'esclavage, proclamée à La Réunion par Sarda Garriga (à gauche), représentant du Gouvernement provisoire, fut longue à mettre en place. Un délai de deux mois avait été prévu entre la promulgation du décret du 27 avril et l'émancipation effective. Il ne fut pas respecté puisque la libération définitive n'eut lieu que le 20 décembre, du fait de la résistance des planteurs.

En 1868, de violents incidents amènent la troupe sous les ordres du gouverneur Dupré à tirer sur la foule des manifestants; le bilan est lourd : huit morts, une quarantaine de blessés.

d'être conscients des enjeux. Le coup d'État du Deux-Décembre rassure les plus farouches opposants de l'égalité politique. Comme aux Antilles, la colonie n'a plus de représentation parlementaire, et son conseil général n'est plus qu'une assemblée composée de représentants de l'opinion officielle.

La seconde moitié du XIXe siècle est une époque charnière dans le rapprochement entre La Réunion et la métropole. L'apparition et le développement des bateaux à propulsion mécanique, dotés de moteur à vapeur puis à explosion, augmente sensiblement la vitesse des paquebots. La concession, par le second Empire, du service postal d'Orient aux Messageries maritimes multiplie les liaisons et nécessite l'aménagement du port de la Pointe-des-Galets.

Le courrier entre La Réunion et la métropole était acheminé par les cargos des Messageries maritimes, dont les arrivées et les départs étaient de véritables événements.

Les célébrations du 14 juillet traduisent l'attachement de la population à la mère-patrie. Elles sont l'occasion d'un important déploiement de fastes en présence d'une foule nombreuse.

La toute-puissance de l'administration crée un climat de tension, qui aboutit à l'émeute du 2 décembre 1868 à Saint-Denis. Celle-ci n'est pas seulement une conséquence de la crise économique, financière et commerciale qui accable la colonie à partir de 1863. Elle est aussi l'occasion pour les colons, qui refusent d'être des sujets passifs, de se rapprocher du monde des affranchis, de réclamer le retour à la République.

Après la chute du Second Empire, proclamée à La Réunion le 2 novembre 1870, la colonie s'empresse d'élire, le 20 novembre suivant, deux représentants à l'Assemblée nationale. Le principe de sa représentation au Parlement est adopté par le décret du 3 décembre 1870, confirmé et complété en 1875. Elle est désormais administrée par des gouverneurs civils et non plus par des militaires aux pouvoirs absolus. Comme aux Antilles, les institutions métropolitaines essentielles se remettent en place. L'existence de ces structures suffit pour que certains hommes politiques considèrent La Réunion comme un département. En réalité, l'île reste soumise au régime des décrets et des arrêtés.

Autre conséquence du rapprochement entre La Réunion et l'Europe, de nombreux métropolitains fonctionnaires, mais aussi employés des Messageries maritimes viennent s'installer dans l'île, créant ainsi de nouveaux liens avec la métropole.

Premières tentatives de départementalisation

Léon de Lépervanche rassemble en 1936 les syndicats réunionnais au sein de la Fédération réunionnaise des travailleurs et conduit les grèves de 1936. Fondateur de la Fédération réunionnaise du Parti communiste français, il est pendant la guerre un résistant actif. Attaché à la loi de départementalisation, il s'éloigne des communistes réunionnais lorsqu'ils choisissent l'autonomisme.

Pendant les premières décennies de la IIIe République, les parlementaires ne ménagent pas leurs efforts pour que cette situation d'exception cesse et que les Réunionnais soient traités comme des citoyens à part entière. Cependant, les élus réunionnais qui condamnent le système colonial n'agissent pas comme leurs homologues antillais et ne vont pas jusqu'à déposer une proposition de loi de départementalisation.

Dans la colonie, la question du statut est largement débattue au conseil général. Deux groupes s'affrontent : l'un est favorable à l'autonomie politique et financière dans le cadre de la République française et l'autre désire l'assimilation.

M. de LEPERVANCHE

Mardi dernier, mourrait, au Port Monsieur Léon de LEPERVANCHE, maire.

La mobilisation du monde ouvrier réunionnais

A partir de 1912, le monde ouvrier, qui s'est organisé en syndicats, se rend compte que l'amélioration de son sort dépend de l'extension des lois sociales en vigueur en métropole. Cependant, son hétérogénéité est un lourd handicap. L'arrivée au pouvoir du Front populaire crée une dynamique nouvelle; le mouvement syndical lutte alors pour l'assimilation. La question du statut prend un nouveau départ quand elle gagne la rue. Les ouvriers décident alors de ne compter que sur eux-mêmes et vont jusqu'à présenter leur propre liste lors des élections cantonales partielles d'octobre 1937.

La Seconde Guerre mondiale renforce l'attachement à la mère patrie. Un Comité républicain d'action démocratique et sociale (C.R.A.D.S.) est constitué à Saint-Denis en mars 1945, sous la présidence du docteur Raymond Vergès. Les premières élections législatives d'après-guerre voient le succès de deux députés «cradsistes», Léon de Lépervanche et Raymond Vergès. Ils sont à l'origine, pour La Réunion, de la proposition de loi de départementalisation en 1946.

Moril Fontaine, élue sur une liste «cradsiste», marque l'entrée des femmes dans la vie politique réunionnaise.

EL DORADO

La différence guyanaise

La Guyane affiche sa différence au sein des «quatre vieilles colonies» par l'hétérogénéité de sa population. Si, comme dans les autres colonies, l'idée départementaliste est portée par la bourgeoisie de couleur, elle ne concerne nullement les Amérindiens et les Bushinenges. Ces populations avaient conservé, en dépit de la colonisation française, un mode de vie qui leur était propre, en marge du système esclavagiste. L'assimilation est servie par la configuration qu'acquiert, dès le Second Empire, la scène politique guyanaise.

Le rôle politique de Cayenne

La particularité de la vie politique guyanaise vient, en premier lieu, de la place qu'y tient la ville de Cayenne. Bien que faiblement peuplée – elle ne compte que 10 000 habitants en 1946 – elle concentre toute l'agitation, toute l'activité politique du pays. Sa population est constamment renouvelée par des immigrants qu'attire l'exploitation des gisements d'or.

Après 1848, alors que la culture des populations des campagnes a tendance à se différencier toujours davantage, les habitants de la ville, eux, se rapprochent des modèles occidentaux. Le rôle de foyer

En Guyane l'économie sucrière ne survit pas à l'abolition de l'esclavage. Les habitations périclitent : elles sont abandonnées par les nouveaux libres, qui s'installent sur les terres vierges. La découverte de l'or, en 1855, permet à l'économie de trouver un nouveau produit d'exportation. De 1880 à 1916, la Guyane est dans le «cycle de l'or»; la production des mines fournit plus de 90% des exportations de la colonie. Cet essor rapide est source de tensions sociales. Les sociétés aurifères imposent leurs dures conditions aux orpailleurs. Avec l'épuisement des principaux placers (mines) et la suppression du bagne, la Guyane va entrer dans une phase de récession économique, dont seule la départementalisation pourra, en partie, la tirer.

quasi unique de l'activité politique guyanaise joué par Cayenne a donc été un puissant adjuvant des tendances assimilationnistes. Longtemps, un accord unanime se fera sur l'assimilation.

Seuls quelques intellectuels émettent des réserves dans ce concert. Elles concernent d'ailleurs plus l'assimilation culturelle que la revendication de l'intégration politique. Des hommes comme Alfred Parépou, auteur du premier roman en langue créole, ou Léon-Gontran Damas, fondateur du mouvement de la négritude avec Césaire et Senghor, dénoncent les méfaits de l'assimilation culturelle sur l'éducation et la mentalité collective.

Dans l'entre-deux-guerres, la départementalisation de la Guyane est soutenue à l'Assemblée nationale par Gaston Monnerville. Ce dernier, élu député en 1932, a acquis sa célébrité comme avocat dans l'affaire Galmot. Après 1932, on est forcément pro ou anti-monnervilliste en Guyane : pour les hommes de ce temps, «Ti Momo» incarne l'espoir de voir la colonie perdre son image de conservatoire de tous les échecs, de terre maudite et méprisée.

Située sur une île isolée du continent par un mince bras de mer, Cayenne joue un rôle essentiel dans la vie guyanaise. Peu peuplée au XIXe, elle représente néanmoins la seule bourgade importante du territoire. Seuls quelques villages situés sur la côte, comme Kourou ou Saint-Georges et de rares hameaux dans l'intérieur, le long des cours d'eau, regroupent le reste de la population. Unique port de la colonie, elle monopolisa longtemps toute l'activité commerciale. Sa prédominance économique explique son rôle politique.

Pénitencier et fraude électorale

Dans la vision commune, avant 1946, la Guyane, c'est d'abord le bagne, cette création de la métropole. La Révolution française avait inauguré la déportation des politiques en Guyane. Par la loi du 30 mai 1854, le Second Empire y adjoint la peine de transportation pour les droits communs condamnés aux travaux forcés. Cette loi, véritable charte du bagne, fut un peu celle d'une colonie en mal de statut.

La représentation parlementaire de la colonie

Deb

La Guyane ne connut pas de véritable diversification économique, à la différence des Antilles, qui adoptèrent la culture de la banane. La présence du bagne était indispensable à son équilibre économique. La population reléguée constituait un réservoir de main-d'œuvre bon marché. Elle représentait encore, en 1936, plus du cinquième de la population recensée (hors Indiens, Bonis et orpailleurs). Elle était employée par l'administration pénale dans les rhumeries, briqueteries, mais surtout sur les chantiers publics, pour la mise en valeur du territoire. Le rôle du bagne dans l'économie guyanaise était tel que, lorsque la transportation fut supprimée en 1938, une période de transition fut prévue pour éviter de déstabiliser une économie fragile.

ut Guyane

n'était pas toujours la plus efficace pour obtenir l'abolition de l'institution pénitentiaire. Pour les partis métropolitains, la Guyane est une circonscription facile, réservée aux amis malheureux qui échouent sur le continent : sitôt élus (dans des conditions toujours douteuses), ils quittent le pays pour n'y revenir qu'à la prochaine campagne. La colonie est l'objet des pires combinaisons et des pires alliances entre les politiciens au pouvoir et une administration trop fidèle; celle-ci n'hésite pas à exercer toutes les pressions, à truquer au besoin les scrutins. L'affaire Galmot est l'exemple le plus spectaculaire de ces pratiques courantes.

En 1946, pour y mettre fin, Gaston Monnerville, fort de la confiance des Guyanais, dépose au nom de la colonie, la proposition de loi tendant à la création du département de la Guyane.

Périgourdin d'origine, Galmot commença une carrière dans le journalisme, puis épousa une riche héritière américaine. Son beau-père l'envoya alors diriger un placer (mine d'or) en Guyane. Tombé amoureux de ce pays, il s'y installa en montant sa propre entreprise d'exportation. Devenu extrêmement populaire, « Papa Galmot » (ci-dessous à gauche) fut élu député. Ses succès lui attirèrent des inimitiés; accusé de profits illicites, puis disculpé, il fut battu aux législatives de 1924 et de 1928 à la suite de fraudes électorales. Il mourut peu après dans des circonstances non élucidées.

GUYANE
635
1935
ARTINIQUE
GUADELOUPE
P. GODARD

Le 12 février 1946, les députés des quatre « vieilles colonies » déposent devant l'Assemblée nationale constituante une proposition de loi rapportée par Aimé Césaire, portant modification du statut colonial. Le texte érigeant La Réunion, la Guyane, la Guadeloupe et la Martinique en départements français est adopté à l'unanimité au cours de la séance du 14 mars 1946, puis promulgué le 19.

CHAPITRE IV
L'EXPÉRIENCE DÉPARTEMENTALE : DES COLLECTIVITÉS BANALISÉES ?

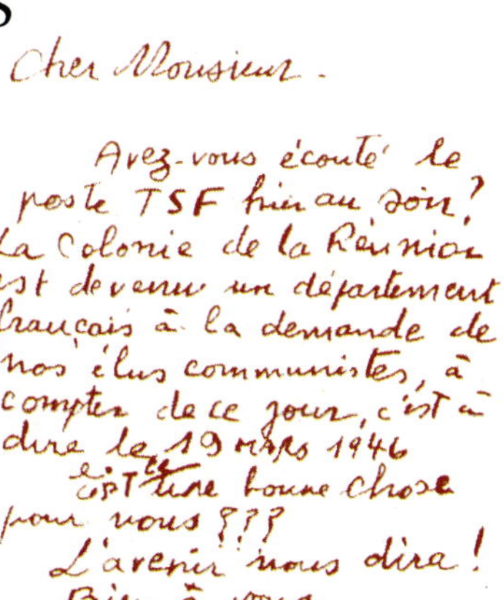
Cher Monsieur.
Avez-vous écouté le poste TSF hier au soir ? La Colonie de la Réunion est devenu un département français à la demande de nos élus communistes, à compter de ce jour, c'est à dire le 19 mars 1946
est ce une bonne chose pour vous ???
L'avenir nous dira !
Bien à vous

En 1935, les fêtes du Tricentenaire du rattachement des colonies d'Amérique à la France fournirent aux représentants politiques de ces territoires une occasion officielle de réclamer la départementalisation.

46-451

19 MARS 1946

19 MARS 1946

P.L

LOI N° du

tendant au classement comme départements français de la Guadeloupe, de la Martinique, de la Réunion et de la Guyane Française.

L'Assemblée Nationale Constituante a adopté,

Le Président du Gouvernement Provisoire de la République promulgue l loi dont la teneur suit :

Article 1er - Les colonies de la Guadeloupe, de la Martinique, de la Réunion et de la Guyane française sont érigées en départements français.

Article 2 - Les lois et décrets actuellement en vigueur dans la France métropolitaine et qui ne sont pas encore appliqués à ces colonies feront avant le 1er janvier 1947, l'objet de décrets d'application à ces nouvea tements.

e 3 - Dès la pr tion de la pr i, les lois nouvelles ables à la mét ront dans c ents, sur mention ex- insérée aux

La présente lo e et adoptée Assemblée Natio tuante, sera mme loi

Sous la IIIe République déjà, plusieurs propositions de loi avaient été déposées pour la départementalisation des «vieilles colonies». Cette dernière tentative réussie est l'œuvre des députés L. Bissol pour les Antilles, R. Vergès pour La Réunion et G. Monnerville pour la Guyane (en haut, 2e, 3e et 4e de gauche à droite). La loi, rapportée par A. Césaire (en haut, 1er en partant de la gauche) fut votée à l'unanimité le 14 mars 1946 par l'Assemblée constituante.
Son application entraîna le remplacement des gouverneurs par les premiers préfets : P. Trouillé à la Martinique (ci-contre, 2e en partant de la gauche), P. Demange à La Réunion, G. Philipson en Guadeloupe (respectivement 1er et 2e en partant de la droite), et R. Vignon en Guyane. Ils sont reçus en 1950 par le Président de la République Vincent Auriol (au centre) et le ministre de l'intérieur, J. Moch (3e en partant de la gauche).

La décolonisation commence par un paradoxe apparent : à un moment où l'empire se fissure de toutes parts, les «quatre vieilles» choisissent le resserrement des liens avec la mère patrie. Le texte de la loi de 1946 est court et se limite à des principes, mais ces principes sont fondamentaux.
C'est la départementalisation, d'abord, qui structure tout le débat politique jusqu'à nos jours.
Sur ce statut se séparent courants et partis. C'est cette réforme, ensuite, qui fait glisser le sens de l'assimilation. Après 1946, le concept quitte la sphère politique, celle de l'égalité des droits, pour devenir un enjeu culturel. Pour certains, la départementalisation, c'est d'abord l'acculturation.
Par sa dynamique interne, la réforme fait des quatre colonies des collectivités modernes, au risque de leur banalisation.

Les pouvoirs des conseils généraux des D.O.M.furent réduits par la loi de départementalisation qui les assimila à ceux de la métropole

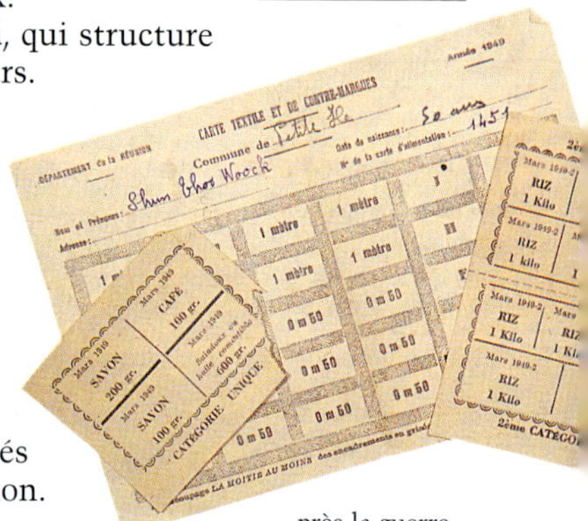

Après la guerre, l'approvisionnement des nouveaux départements d'outre-mer resta difficile et nécessita le maintien des tickets de rationnement plus longtemps qu'en métropole.

Autonomistes et départementalistes à La Réunion

Au lendemain de la Seconde Guerre mondiale,la situation économique de La Réunion est catastrophique. L'île possède toutes les caractéristiques d'un pays sous-développé.

ÉLECTIONS CANTONALES
des 2 et 9 octobre 1949

L'attente est grande chez les sympathisants du courant communiste qui fut le principal promoteur de la réforme. Mais les lenteurs de l'État, à mettre en œuvre la loi sur la départementalisation ne peuvent qu'accroître les frustrations. En 1959, les communistes réunionnais décident de créer un parti autonome, le Parti communiste réunionnais (P.C.R.), à l'instar des communistes guadeloupéens et martiniquais. Ils optent pour un nouveau projet, l'autonomie interne contre la départementalisation. L'affrontement entre les deux camps – autonomiste et départementaliste – dure jusqu'à l'adoption des lois de décentralisation en 1982.

Le P.C.R. abandonne dès lors son mot d'ordre d'autonomie populaire et démocratique puisque la décentralisation doit permettre aux Réunionnais d'être les acteurs de leur développement.

En 1947, l'arrivée à La Réunion du premier préfet, Paul Demange fut l'occasion de nombreuses cérémonies, marquant la fin de l'époque coloniale.
Dans les nouveaux départements d'outre-mer, les premiers préfets durent réorganiser les services administratifs et engager le rattrapage économique de ces territoires. Leur première tâche fut de mettre en place des infrastructures modernes, préalable indispensable à tout développement : les routes, peu nombreuses, n'étaient pas goudronnées, l'eau courante et l'électricité étaient l'exception. Ils eurent aussi à faire face à de graves problèmes d'ordre public : la lenteur de la mise en œuvre de la réforme suscita une importante agitation sociale à l'appel du parti communiste.

De tout son voyage

c'est à la Réunion

terre française lointaine
chargée de poésie et d'Histoire

que le Général De Gaulle
a reçu l'accueil le plus émouvant

Le général De Gaulle lors de son voyage à La Réunion, le 10 juillet 1959.

La V République à La Réunion : la relance de la départementalisation

L'application de la loi érigeant La Réunion en département entraîne de grandes mutations sur le plan économique. Les pouvoirs publics agissent sur les secteurs qu'ils peuvent maîtriser : les infrastructures routières, portuaires et aéroportuaires, les télécommunications, l'électrification. Ils contribuent à moderniser ou à soutenir des activités héritées de la période coloniale. L'action de Michel Debré, élu député de La Réunion pour la première fois en 1963, mérite, à ce propos, d'être soulignée. Sa proximité avec le pouvoir de l'époque a beaucoup apporté à l'île.

Malgré les aides consenties au secteur primaire, la population agricole diminue à partir des années 1970. Ce secteur où travaillaient 54,9 % des actifs en 1954 n'en emploie plus que 7,6 % en 1990. La production de sucre régresse entre 1982 et 1994.

L'absence de matières premières, l'éloignement des grands marchés, le coût du fret et la faiblesse du marché intérieur expliquent la stagnation du secteur secondaire; il occupe environ 20 % des actifs. L'industrie sucrière, en se modernisant et en se restructurant, a beaucoup licencié; il ne reste plus que deux usines sucrières en 1996.

L'évolution du secteur tertiaire se caractérise par sa part croissante dans la population active : 23 % en 1954 et 73 % en 1990. L'économie de plantation, fortement ébranlée dans les années 1960-1970, cède la place à une économie dominée par le secteur tertiaire.

Alors que pendant la période coloniale la balance commerciale était presque équilibrée, l'augmentation de la consommation, entraînée par la départementalisation, a bouleversé cet équilibre. Le développement récent du tourisme apparaît cependant prometteur, facilité par la libéralisation du transport aérien en 1986.

Intégrée à l'Union européenne depuis 1957, La Réunion, comme les autres départements d'outre-mer, a pleinement bénéficié des mesures prises par les instances communautaires. Depuis 1987, elle fait partie des régions dites « à objectif n° 1 » et peut bénéficier des ressources de l'Europe pour ses programmes de développement, ce qui lui a permis de moderniser ses routes, son port et son aéroport.

En voyage officiel à La Réunion le 19 mars 1996, Jacques Chirac, président de la République, prononça un discours-bilan de la départementalisation et traça les perspectives d'avenir pour les départements d'outre-mer. Après l'égalité juridique instaurée par la loi de départementalisation, l'égalité sociale est devenue effective au 1er janvier 1996 par l'alignement du SMIC et de l'intégralité des prestations sociales sur la métropole. Désormais, il reste à mettre en place l'égalité dans les chances de développement par un meilleur ancrage des départements d'outre-mer dans leur environnement géographique.

En 1959, les communistes réunionnais fondèrent un parti communiste autonome, à l'instar des autres départements d'outre-mer. Figures emblématiques de ce mouvement, Raymond Vergès puis son fils Paul (page de gauche) lui firent jouer un rôle essentiel dans la vie politique de l'île.

Vers l'égalité sociale

L'application de la loi du 19 mars 1946 a produit, dans le domaine social, des transformations incontestables. Les mesures sociales et sanitaires ont été très bénéfiques. Les endémies ont été éradiquées. Avec 171 médecins pour 100 000 habitants en 1995 (contre 15 en 1946), l'encadrement médical a atteint un niveau satisfaisant. Ces progrès ont entraîné un recul de la mortalité infantile dont le taux passe de 95 pour mille en 1951 à 5,3 pour mille en 1994. Ainsi sa population augmente en un peu plus d'un demi-siècle, de 1946 à 1994, de 241 000 à 642 000 habitants. Cet essor qui s'observe aussi dans les autres départements d'outre-mer entraîne de redoutables problèmes d'éducation, d'emploi et de logement.

En ce qui concerne l'éducation, un effort spectaculaire a été réalisé. En 1946, l'administration est incapable d'imposer la fréquentation scolaire, faute de moyens. Les classes sont surpeuplées.

Gaulliste de la première heure, Michel Debré fut le rédacteur de la Constitution de la Ve République avant d'en diriger le premier gouvernement. Instruit par la perte de l'Algérie, il œuvra, par sa politique, pour maintenir les DOM au sein de la République. Il initia plusieurs réformes importantes pour le développement de ces départements. Il manifesta également son intérêt pour l'outre-mer comme député de La Réunion de 1963 à 1988.

A partir de 1968,le taux de scolarisation des enfants de six à dix ans atteint les 100 %. L'enseignement secondaire progresse également avec l'ouverture des lycées du Tampon, de Saint-Paul et de Saint-Benoît. Le Centre universitaire de La Réunion, créé en 1967, devient une université à part entière en 1982. Saint-Denis dispose désormais de classes préparatoires aux grandes écoles.

En développant les infrastructures, la départementalisation permet à l'économie réunionnaise de se diversifier, en particulier grâce au tourisme. Néanmoins, l'agriculture continue à être essentielle dans la vie de l'île. Elle s'est tournée vers de nouvelles productions : désormais, la canne et le géranium (essence de parfum) ne monopolisent plus les terres, et les cultures vivrières ont pris une importance qui permet à l'île de moins dépendre des importations.

En Guyane, l'équipement et la protection sociale d'un pays d'Europe du Nord...

L'une des conséquences les plus remarquables de la départementalisation de la Guyane est l'élévation considérable du niveau de vie de ses habitants, par rapport à la période coloniale, sous l'effet du déploiement de l'appareil administratif propre à un département métropolitain et de l'extension du système de protection sociale.

Dès 1953, pratiquement toutes les administrations départementales sont mises en place. En revanche, le régime démographique de la Guyane n'a pas milité en faveur d'une application rapide du système de protection sociale métropolitain. Il était en effet caractérisé, depuis les années 1950, par une forte natalité ainsi que par des formations familiales où l'union libre et les enfants naturels sont plus fréquents qu'en métropole.

Même si leurs régimes sociaux restaient moins protecteurs qu'en métropole, les Guyanais ont vu leurs conditions de vie bouleversées, à l'image de ce qui se produisit en métropole pendant les «Trente Glorieuses». Sans pour autant résoudre les problèmes posés par la maîtrise de ce vaste espace continental, la construction d'infrastuctures de communication, la création d'un réseau sanitaire couvrant l'ensemble du département, l'équipement en eau et en électricité des agglomérations améliorent les conditions de vie des Guyanais; ce qui permet au pays de connaître un dynamisme démographique que l'on avait vainement recherché au cours des trois siècles de la période coloniale.

De telles performances reposent cependant sur des bases économiques fragiles.

Faire de la Guyane, en1946, un département français était sans doute le pari le plus risqué des promoteurs de la loi. Ce vaste territoire recouvert de forêt était largement inexploré. Seule la côte avait été colonisée.

La lenteur de la mise en place de la réforme départementale suscita d'importants mouvements sociaux.

La grève des fonctionnaires

... Les problèmes de développement d'un pays d'Amérique du Sud

Au lendemain de la Seconde Guerre mondiale, l'économie guyanaise est sinistrée. La guerre a accéléré le déclin des dernières productions coloniales : la production d'or, sur laquelle avait reposé toute l'économie de la colonie, s'est effondrée du fait de la baisse des cours et de l'épuisement des gisements alluvionnaires qui étaient à la portée des moyens techniques rudimentaires des orpailleurs; le rhum, la banane, le bois de rose et la gomme de balata, qui avaient contribué à la relative diversification d'une production trop exclusivement orientée vers l'or, ont disparu du tableau des exportations. La nouvelle structure départementale se met donc en place dans un pays pauvre et démographiquement exsangue, car le départ des derniers bagnards et de bon nombre d'orpailleurs le prive d'une part non négligeable de sa population. Après 1946, l'État tente, par la planification, de relancer les productions coloniales et de développer de nouvelles activités (bauxite). Mais son action n'est pas relayée par des entreprises privées; le décollage économique que les Guyanais attendaient de la départementalisation ne se produit pas.

Longtemps, la présence de la France à l'intérieur de la Guyane ne fut assurée que par les missionnaires, et en particulier, par les sœurs de Saint-Joseph de Cluny, ou sœurs bleues. Chargées de l'instruction des esclaves nouvellement émancipés au XIXe siècle, elles apportèrent par la suite une aide médicale précieuse aux lépreux. Dans les années 1945-1950, la léproserie de Mana, créée par sœur Anne-Marie Javouhey, fondatrice de l'ordre, était toujours le principal centre d'accueil pour les lépreux. Cependant les premiers remèdes efficaces, tout juste découverts, étaient encore trop onéreux pour permettre d'enrayer l'endémie.

Un préfet explorateur

Robert Vignon, premier préfet de Guyane (1947-1952), fit preuve d'un véritable tempérament d'explorateur, au péril de sa vie. Également premier représentant de l'État à entreprendre une tournée dans l'intérieur du pays, en 1949, il fut accueilli avec ferveur par des populations ignorant souvent tout de sa fonction. À Saül, on crut même à l'arrivée du préfet apostolique, et R. Vignon, qui portait ce jour-là un short violet, fut l'objet d'une dévotion réservée d'ordinaire au prélat! Il put constater combien la France était absente de l'intérieur du département : «Détail typique et au demeurant pénible, les musiciens ne savent pas jouer la *Marseillaise* et nous accueillent au son d'une marche ordinaire». Surnommé Gran Man Baka, «grand chef blanc», par les Bonis, il fut, après ses fonctions préfectorales, élu maire de Maripasoula, dernier village sur les rives du Maroni, conseiller général du canton d'Iracoubo et sénateur de Guyane.

Le Mardi matin grand départ pour *Maripasoula*. A la barre, M. Maurice GOUGIS, des canotiers Bonis expérimentés, le beau temps, et le canot prend rapidement la direction du Haut-Maroni. Les sauts se succédèrent toujours aussi spectaculaires. Jeudi soir, après un arrêt à *Grand Santi* où le Gendarme ELOI, Chef de Poste, put montrer un gros travail de fait, et un arrêt à *Boniville*, le canot arrivait à *Wacapou* où M. MESNARD Administrateur de la Circonscription du Haut-Maroni, les RR.PP. Le CAM et MEJEAN ainsi que toutes les notabilités recevaient M. le Préfet et sa suite.

Le Vendredi 11 Avril, MM. VIGNON, DUSSOL et MESNARD, rejoignaient *Maripassoula* par la voie de terre inaugurant ainsi « la Piste Arlette ». Cette piste, ancien tracé réouvert, améliore très nettement les relations entre les deux centres. Elle devra permettre dans un avenir prochain des liaisons rapides.

La vie économique se réduit alors essentiellement au fonctionnement des services des administrations publiques et des sociétés d'État.

Le gouvernement Pompidou sélectionne la Guyane comme nouveau site d'accueil des activités spatiales de la France en avril 1964. Ces activités ont connu un tel développement en Guyane que les lancements de satellites constituent aujourd'hui la première richesse du département avec près de 60 % de la production marchande.

Par ailleurs, l'aménagement du territoire reste très inégalitaire. Aujourd'hui, le contraste est frappant entre l'équipement satisfaisant de l'Ouest et le dénuement de l'intérieur. Les régions de l'Est sont également dans un isolement économique préjudiciable auquel s'attachent à mettre fin les autorités publiques.

L'opposition à la départementalisation

Moins de dix années après l'accession de la Guyane au statut de département, s'amorce la contestation de l'idéologie de l'assimilation qui constituait le fondement de cette mesure politique.

Par la volonté du général De Gaulle, la constitution de 1958 réorienta la départementalisation en lui donnant la possibilité d'adaptations spécifiques. L'article 73 affirme ainsi : « Le régime législatif et l'organisation administrative des départements d'outre-mer peuvent faire l'objet de mesures d'adaptation nécessitées par leur situation particulière ». Cet intérêt pour l'outre-mer fut reconnu par les mouvements autonomistes, à tel point qu'Aimé Césaire félicita publiquement le général De Gaulle pour son action dans les DOM.

Les contestataires de la départementalisation s'appuient, à partir du milieu des années 1950, sur les particularismes culturels pour réclamer l'instauration d'un autre modèle de société.

C'est en métropole, dans les milieux enseignant et étudiant, que s'ébauche la réflexion anti-assimilationniste, avec les fondateurs du Parti socialiste guyanais (P.S.G.). La S.F.I.O. guyanaise les rejoint dans une condamnation sans appel de l'assimilation comme mode d'évolution politique et économique. Les deux partis réclament, en se situant dans une perspective autonomiste, la création d'un pouvoir local qui laisserait aux Guyanais la gestion de leurs propres affaires. Formée à la même époque, l'Union du peuple guyanais (U.P.G.) est plus radicale et prône le séparatisme.

En 1982 la décentralisation réussit, à la fois à apaiser les craintes d'une dérive indépendantiste et à amener nombre de militants nationalistes à participer à la gestion des affaires du département, dans le cadre des lois de décentralisation. Cette réforme marque incontestablement un tournant dans la vie politique et culturelle de la Guyane.

Gaston Monnerville (au centre), avocat rendu célèbre par l'affaire Galmot, fut longtemps l'homme fort de la Guyane. Père de la loi de départementalisation, devenu sénateur du nouveau département, il se heurta à plusieurs reprises à Robert Vignon, le premier préfet (ici en sa compagnie).

Longtemps handicapée par l'image du bagne, la Guyane est entrée dans la modernité grâce au centre spatial de Kourou et à la fusée Ariane. Principale richesse du département, cette activité n'a pas mis fin à sa dépendance économique.

Les Antilles : un essor économique sans précédent

Dans le domaine agricole, la banane, apparue dans les années 1920, a désormais supplanté le sucre comme principale production des Antilles. Face à la concurrence étrangère, elle bénéficie aujourd'hui de la protection européenne.

Comme les autres départements d'outre-mer, les Antilles ont connu, grâce à la réforme statutaire, une modernisation incontestable des conditions de vie de leurs habitants. Un simple regard sur l'évolution du produit intérieur brut (PIB) entre 1946 et 1986 suffit à donner une idée des progrès réalisés, dignes des dragons du Sud-Est asiatique.

En effet, en quarante ans, le PIB par habitant a été multiplié par plus de trente. Croissance, il est vrai, fortement soutenue par le secteur public : en 1991, le PIB antillais par habitant s'élève à 49 000 F alors que chaque ménage reçoit 20 000 F d'aides publiques. Ces progrès n'ont pas permis, toutefois, de rattraper le niveau de vie métropolitain, malgré l'alignement progressif des prestations sociales, qui s'est achevé au 1er janvier 1996. En 1991, le PIB antillais par habitant était égal à 41 % du PIB métropolitain, qui s'élevait à 119 000 F par habitant. Mais de tels chiffres placent les DOM antillais parmi les îles les plus riches de la zone caraïbe. Le produit national brut par habitant de la Martinique est nettement plus élevé que celui des îles voisines; le rapport, en 1990, est de 1 à 25 pour Haïti, de 1 à 11,5 pour la République dominicaine et de 1 à 6 pour la Jamaïque.

Par ailleurs, l'évolution des filières agricoles traduit, dans une certaine mesure, le déclin d'un modèle économique traditionnel. En 1938, la banane et les produits dérivés de la canne à sucre représentaient 99 % des exportations antillaises et illustraient le caractère encore très colonial de ces économies, tournées vers la monoculture d'exportation, complémentaire des productions métropolitaines. Pour mettre fin à cette situation, la départementalisation économique liée à la départementalisation politique a du entraîner une certaine diversification des productions.

Ainsi, le secteur primaire a connu d'importantes mutations. Il occupe, en 1994, 7 % de la population active (contre 4,7 % en métropole), soit six fois moins qu'en 1961. L'économie sucrière est moins prééminente que par le passé. Elle est aujourd'hui pratiquement inexistante en Martinique ; ce département ne produit plus que 8 000 tonnes de sucre, contre 92 000 tonnes en 1963. De même, sur les onze sucreries que comptait la Guadeloupe en 1966, deux subsistent aujourd'hui. Ce déclin ne touche pas la production bananière puisque les Antilles exportent aujourd'hui 407 300 tonnes, contre 189 000 tonnes en 1958. Ce résultat encourageant est à nuancer; il est dû à l'appui constant des politiques publiques, grâce en particulier à l'organisation communautaire de marché, qui protègent la banane antillaise de la forte concurrence des producteurs sud-américains, et cela en dépit de dissensions existant parmi les membres de l'Union européenne.

Le secteur tertiaire, quant à lui, occupe aujourd'hui 74 % de la population active, contre 69 % en métropole. Il a plus que doublé depuis 1961, où il en représentait 33 %. Cette évolution s'est faite aux dépens du secteur primaire, grâce notamment au développement du tourisme.

Depuis la fin de la guerre, le tourisme s'impose comme une des principales ressources des départements d'outre-mer. Il apporte une utile diversification à une économie dans laquelle la part de l'agriculture est en récession.

Ainsi, la départementalisation économique a permis aux Antilles de connaître une évolution par secteurs économiques très proche de celle observée en métropole. Par ailleurs, elle n'a guère changé les anciennes hiérarchies héritées du système des plantations. Les Blancs des Antilles, ceux que l'on appelle localement les «békés», se sont remarquablement adaptés au changement et à l'effondrement de l'économie sucrière à partir des années 1960, au prix d'une importante reconversion de leurs activités traditionnelles.

Dans la première moitié du XXe siècle, une nouvelle élite intellectuelle formée en Europe prit conscience de sa différence culturelle, Elle s'exprima notamment dans les revues (page de droite) *Légitime défense* (1932) et *Tropiques* (1941-1945).

Dans les années 60 se développèrent des mouvements indépendantistes tels l'OJAM (Organisation de la jeunesse anticolonialiste de la Martinique) et le GONG (Groupe d'organisation nationale de la Guadeloupe).

L'identité antillaise

L'assimilation a focalisé le débat aux Antilles sur la question identitaire. Le thème, comme on l'a vu, intéresse l'ensemble des départements d'outre-mer. Mais, singularité antillaise, c'est surtout en Martinique et en Guadeloupe qu'il a structuré un milieu politique et intellectuel particulièrement créatif, dont les représentants les plus brillants ont acquis une notoriété dépassant les frontières nationales.

La question identitaire naît entre les deux guerres, des réflexions d'étudiants des «vieilles colonies» à Paris. En 1934, Léon-Gontran Damas, Léopold Senghor, Birago Diop et Aimé Césaire créaient *L'Etudiant noir*, lançant ainsi la négritude.

Mouvement intellectuel et artistique proche du surréalisme, la négritude fut la première tentative pour trouver une identité à la diaspora noire coupée de ses racines. Il s'agissait, par un retour aux origines africaines, de combler la fracture opérée par la traite esclavagiste en reconstituant, par l'art et la pensée, une humanité consciente d'elle-même, de son pouvoir créatif et de sa négritude. La colonisation, en effet, était analysée comme un processus d'aliénation, comme une tentative pour effacer toute trace

de culture originelle chez les Noirs transportés aux colonies. Mais la négritude, cherchant une humanité noire mythique, était finalement aussi universaliste que la culture française. Elle n'apportait pas de réponse définitive au problème identitaire antillais et ne pouvait pas faire l'économie de la question nationaliste. Ainsi, dans le sillage d'Edouard Glissant, des écrivains comme Patrick Chamoiseau et Raphaël Confiant ont forgé le concept de créolité en s'attachant à peindre l'Homme antillais.

Au plan politique, les années 1960-1970 ont vu la création de divers mouvements nationalistes et révolutionnaires réclamant l'indépendance sans condition, parfois de façon violente. Toutefois, les élections les plus récentes semblent indiquer un net recul de l'influence de ces tendances dans l'opinion. La départementalisation est désormais le cadre accepté d'une nouvelle ambition, l'égalité des chances de développement.

Ci-dessous, Aimé Césaire en compagnie du général De Gaulle à Fort de France.

LA GUADELOUPE
Relief : volcan de la Soufrière, 1467 m.
Superficie : 1373 km^2 (+ 407 km^2 pour les dépendances la Désirade, Marie-Galante, les Saintes, les îles de la Petite Terre, Saint-Barthélémy et la partie française de Saint-Martin)
Habitants : 417 000

LA MARTINIQUE
Relief : volcan de la Montagne Pelée, 1397 m.
Superficie : 1100 km^2
Habitants : 384 000

LA GUYANE
Superficie : 90 000 km^2 (1/6e de la métropole), presque entièrement recouverts par la forêt
Habitants : 142 000

LA RÉUNION
Relief : Piton de la Fournaise, volcan en activité (2631 m) et Piton des Neiges (3 069 m).
Superficie : 2500 km^2
Habitants : 653 400

TÉMOIGNAGES ET DOCUMENTS

Cinquantenaire des départements d'outre-mer. Le voyage officiel de Jacques Chirac à La Réunion

Après l'égalité juridique instaurée par la loi de 1946 et l'égalité sociale achevée l'année du cinquantenaire, le Président de la République, dans son discours du 19 mars 1996 à Saint-Denis de La Réunion, fixe le prochain objectif à atteindre : l'égalité de développement par une meilleure exploitation des atouts des départements d'outre-mer.

[…]La départementalisation consacrait, selon la puissante formule des constituants de la Révolution française, «l'unité de la République nonobstant l'étendue des mers». Elle reconnaissait ce principe d'égalité dans le respect des différences et des traditions, qui est au cœur de notre République. Par la départementalisation, la France répondait à une attente. Elle vous offrait aussi une chance en ouvrant plus largement la voie du développement. Cette chance, vous avez su la saisir […]. Il y a cinquante ans, le statut départemental faisait franchir [aux départements d'outre-mer] une étape décisive sur la voie de l'égalité des droits, de la dignité et du progrès. Mais ce n'était qu'une étape.

L'égalité sociale est aujourd'hui chose faite

L'an dernier, j'avais pris devant vous l'engagement de réaliser, d'achever l'égalité sociale. C'est aujourd'hui chose faite. Et c'est justice. Maintenant, il faut aller plus loin. Il faut passer d'une démarche de rattrapage à une

Jacques Chirac à La Réunion en 1996 ; à sa gauche J.-J. de Peretti, ministre de l'outre-mer.

logique de développement [...].

Eloignés de la métropole, vos départements se doivent d'être toujours plus solidaires et plus conquérants [...]. Au-delà des solutions traditionnelles qui ont montré leurs limites, au-delà des schémas métropolitains, il faut trouver pour vos départements les voies d'un développement économique original, adapté à leur savoir-faire, à leur culture, à leurs atouts [...].

La solidarité impose [...] de mieux utiliser nos dépenses sociales et de ne pas tomber dans le piège de l'assistance. C'est faire en sorte que chacun puisse assumer ses responsabilités [...].

Etre à l'avant-garde de l'excellence française

L'esprit de conquête, c'est mettre à profit les atouts de chacun des départements d'outre-mer, c'est tisser des liens étroits filière par filière, entreprise par entreprise, avec nos partenaires des régions voisines. C'est faire émerger de nouvelles solidarités, de nouveaux courants d'échanges, porteurs de progrès économiques et sociaux.

L'esprit de conquête, c'est enfin l'ambition de faire rayonner la France, sa culture, son savoir-faire, sa capacité d'innover [...]. Je vous appelle aujourd'hui à être l'avant-garde de l'excellence française [...].

Il n'existe pas de recette miracle. Il n'existe pas de modèle de développement préfabriqué. Permettez-moi de citer Aimé Césaire : «Aucune doctrine, dit-il, ne vaut que repensée par Nous, que repensée pour Nous, que convertie à Nous». Le succès ne viendra pas des seules réponses budgétaires aux difficultés de l'instant, même si elles sont nécessaires. C'est d'abord de vous qu'il viendra, de vos efforts, de votre courage, de votre combativité, de votre imagination. C'est vous qui ferez de l'outre-mer un exemple de développement économique, naturellement la solidarité nationale vous y aidera [...].

Césaire et la départementalisation: une paternité ambiguë

Le discours d'Aimé Césaire, rapporteur de la commission des territoires d'outre-mer, prononcé le 12 mars 1946 lors de la discussion de la loi de départementalisation, marque de manière éclatante l'entrée en politique d'un jeune normalien communiste. Cette prise de position ne l'empêcha pas de porter par la suite un regard critique sur la réforme.

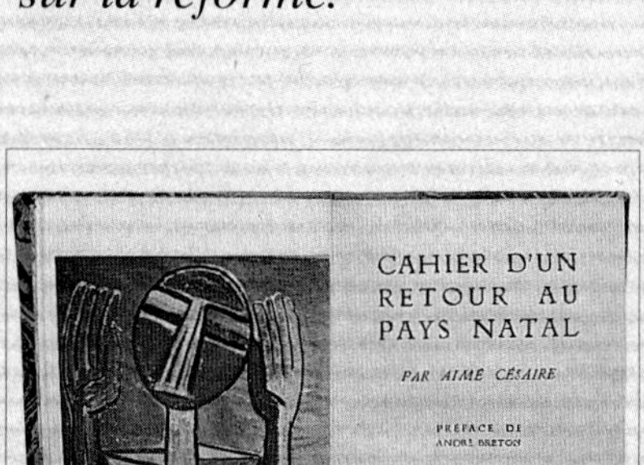

[…] A l'heure où, çà et là, des doutes sont émis sur la solidité de ce qu'il est convenu d'appeler l'Empire, à l'heure où l'étranger se fait l'écho de rumeurs de dissidence, cette demande d'intégration constitue un hommage rendu à la France et à son génie et cet hommage, dans l'actuelle conjoncture internationale, prend une importance singulière [...] L'intégration réclamée ne constituerait pas une improvisation. Ce serait, au contraire, l'aboutissement normal d'un processus historique et la conclusion logique d'une doctrine [...].

L'assimilation doit être la règle et la dérogation, l'exception

Toujours, les régimes autoritaires qui se sont installés en France ont pensé que ces territoires devaient être considérés comme «terres d'exception». Toujours, au contraire, la République a pensé que ces colonies dont les habitants sont depuis longtemps citoyens français devraient être appelés à bénéficier des lois que leurs élus au Parlement contribuent à faire.

Le résultat est qu'à l'heure actuelle, ces territoires sont, de fait, à peu près assimilés à la métropole du point de vue administratif et politique.

Malheureusement, ce processus d'assimilation s'est arrêté dans son élan [...]. Il s'est arrêté au moment même où en France naissait la législation sociale et ouvrière.

[...] A ceux qui s'inquiétaient de l'avenir culturel des populations assimilées, peut-être pourrions-nous nous risquer à leur faire remarquer, qu'après tout, ce qu'on appelle assimilation est une des formes normales de la médiation dans l'histoire et que n'ont pas trop mal réussi, dans le domaine de la civilisation, ces Gaulois à qui l'empereur romain Caracalla ouvrit jadis toutes grandes les portes de la cité romaine. Nous ajouterons d'ailleurs que l'assimilation qui nous est aujourd'hui proposée, loin d'être une assimilation rigide, une assimilation «géométrique», une assimilation contre nature, est une assimilation souple, intelligente et réaliste [...].

Dire que toute loi doit être appliquée à la Martinique, à la Guadeloupe, à la Guyane et à La Réunion, sauf spécification contraire de l'Assemblée nationale, cela signifie :

1- que la Martinique, la Guadeloupe, la Guyane française et La Réunion entrent dans la famille française et participent au destin de la France sur un pied d'égalité avec les départements métropolitains.

Cela veut dire :

2- que la Martinique, la Guadeloupe, la Guyane française et La Réunion, tout en comprenant la nécessité qu'il peut y avoir d'adapter certaines mesures générales à des conditions géographiques ou économiques spéciales laissent le soin de cette adaptation, non plus aux ministres mais au Parlement, et souhaitent voir admettre le principe que l'assimilation doit être la règle et la dérogation, l'exception.

Que l'expression «France d'outre-mer» ne soit pas une vaine figure de rhétorique

[...] Le présent projet d'assimilation, en restituant aux divers départements ministériels des services qui logiquement leur appartiennent, mais qui se trouvent actuellement dépendre du ministère des colonies, allégera de manière appréciable un appareil administratif trop lourd et trop compliqué pour être efficace [...].

Tous les observateurs sont d'accord pour affirmer que les problèmes sociaux se posent à la Guadeloupe, à la Martinique, à La Réunion avec une acuité telle que la paix publique en est gravement menacée [...]. Citoyen français comme l'habitant de Paris ou de Bordeaux, le Martiniquais, par exemple, se trouve à l'heure actuelle aussi peu protégé que l'habitant de la forêt ou du

désert contre l'ensemble des risques sociaux. Dans un pays à salaires anormalement bas et où le coût de la vie se rapproche très sensiblement du coût de la vie en France, l'ouvrier est à la merci de la maladie, de l'invalidité, de la vieillesse sans qu'aucune garantie lui soit accordée [...]. Bref, nous demandons à l'Assemblée nationale d'approuver les trois propositions qui lui sont présentées parce que nous pensons qu'il ne doit pas y avoir deux capitalismes : le capitalisme métropolitain que l'on combat et qu'on limite, et le capitalisme d'outre-mer que l'on tolère et que l'on ménage [...].

Quatre colonies, arrivées à leur majorité, demandent un rattachement plus strict à la France. Vous apprécierez cette pensée à sa juste valeur, j'en suis sûr, à cette heure où l'on entend des craquements sinistres dans les constructions de l'impérialisme. Ce que nous vous demandons, c'est de faire que l'expression «France d'outre-mer» ne soit pas une vaine figure de rhétorique [...].

Côté préfecture : une mise en œuvre difficile

Premier préfet de la Martinique, Pierre Trouillé dresse en janvier 1948, sans fard et avec objectivité, le bilan de 6 mois de départementalisation, dans un rapport adressé au ministre de l'intérieur Jules Moch.

Bilan de la période transitoire

[...] L'administration centrale a toujours redouté les complaisances de l'amour-propre dans les compte-rendus de fonctions. Aussi bien, ai-je entrepris la rédaction de ce bilan en me gardant du plaidoyer pro domo [...].

La nouvelle administration a bénéficié, au départ, d'un préjugé favorable de toutes les couches de la population (et cette situation psychologique eut d'ailleurs rendu plus lourde pour le préfet la responsabilité d'un échec dans l'immédiat) [...].

Aussi, ai-je pu procéder à quelques réformes inspirées de l'esprit de l'administration métropolitaine et pour la réalisation desquelles, par un paradoxe amusant, j'usais souvent de textes gubernatoriaux.

1. La création d'une police départementale

[...] Désireux, d'une part, de préparer les voies à l'installation, en 1948, de la police de la sûreté nationale, et d'autre part, de façonner rapidement un outil policier susceptible d'aider à la moralité des élections municipales générales, j'ai pris, le 4 octobre, un arrêté régularisant une «police départementale» à forme de police d'Etat, placée sous mon autorité et sous le commandement du directeur départemental, désigné par la sûreté [...].

2. Mesures de contrôle électoral

Ainsi que j'ai eu l'honneur de l'exposer par rapports spéciaux, j'ai utilisé l'arsenal de la réglementation gubernatoriale pour imposer aux électeurs du département, à l'occasion du renouvellement municipal d'octobre, un scrutin objectif et impartial. Ce n'était pas, certes, chose facile dans un pays où, depuis des décades, la fraude était élevée à la hauteur d'une institution [...].

3. Amélioration des rapports avec les assemblées élues

[...] J'ai rompu avec les traditions coloniales, et en particulier avec celle qui consistait, pour le chef du territoire, à ouvrir les sessions dans un déploiement de faste et à la manière d'un souverain tenant un lit de justice. L'organisation matérielle de la salle du conseil général, où les chefs de service avaient priorité sur les élus, a été modifiée. Le président de l'assemblée a effectivement présidé.

4. Endivisionnement des bureaux de la préfecture

L'organisation des bureaux de l'ancien gouvernement était radicalement différente de celle d'une préfecture [...]. J'ai pris un arrêté répartissant les bureaux de la préfecture en trois divisions [...]. La création des divisions a permis d'entreprendre la rééducation du personnel propre à la préfecture et, en même temps, d'instruire les maires de la distinction qu'il convenait d'établir entre les services administratifs et les services techniques [...].

Pierre Trouillé, premier préfet de la Martinique de 1947 à 1950 (deuxième en partant de la gauche).

5. Recherche d'une norme économique et sociale

[...] C'est avec surprise que j'ai enregistré, à mon installation, l'absence totale de données précises, tant sur le minimum vital que sur les variations du coût de la vie. Malgré le scepticisme ambiant, j'ai voulu établir, avec les représentants de toutes les activités économiques et sociales, les bases rationnelles des futurs accords et prévenir, dans la mesure du possible, les contestations que favorisent des solutions perpétuellement remises en cause [...].

Aujourd'hui, nos efforts et nos travaux sont brusquement stoppés par des instructions du ministre du travail qui nous fait attendre de Paris la fixation de nouveaux salaires [...]. J'incline à croire que les décisions ainsi prises ne pourront pas tenir un compte assez exact des circonstances locales très particulières [...]. Aussi bien, m'est-il impossible à mon vif regret, de prévoir si l'ouverture de la campagne de coupe, en janvier, ne sera pas, cette année comme les précédentes, marquée par une agitation dont il n'est pas sûr qu'elle ne soit engagée tout autant par les patrons que par les ouvriers.

[...] Mes collaborateurs et moi avons, en toutes occasions, tenté de supprimer cette mendicité de faveurs et cette recherche du détour de la loi qui nous a paru être la plaie morale essentielle dont souffrait le département [...].

L'opinion devant la réalité de l'assimilation

1. La masse

[...] La diminution de 20 % du quota de farine attribué à mon département par les Etats-Unis d'Amérique m'a contraint à réduire de 50 grammes dans les villes et de 25 grammes dans les campagnes, une ration de pain déjà assez nettement inférieure à celle de la métropole [...]. Tel meneur n'aura pas grand mal alors à établir, vis-à-vis d'une masse crédule, une relation de cause à effet entre l'assimilation et les restrictions.

2. Les élites politiques et administratives

a) Les élus

Pour eux, ils se satisfont moins des avantages moraux de l'assimilation qu'ils ne s'irritent de l'amenuisement de leur influence [...]. Les conseillers généraux et les maires ont pris conscience que l'autorité départementale diminuait leur propre autorité en même temps que l'assimilation rognait leurs compétences [...]. J'ai fini par savoir, par exemple, que les maires ont été ulcérés de voir leur échapper la direction locale de la police dont les agents étaient devenus leurs véritables valets politiques [...].

b) Les fonctionnaires

Les fonctionnaires martiniquais avaient vu, dans l'assimilation, la fin d'une sorte d'infériorité morale dont ils souffraient vis-à-vis de leurs collègues de la métropole. Mais en même temps, ils n'avaient pas voulu s'attarder à la pensée que leurs avantages purement coloniaux puissent être à quelque moment remis en question [...]. Pour ce qui est des fonctionnaires métropolitains, venus avec l'équipe préfectorale ou depuis son installation, ils ont le moral le plus bas [...]. Ils ont trouvé ici les logements chers, la vie difficile et un traitement dérisoire. Je m'attends d'un jour à l'autre à une demande collective de rapatriement.

Case de travailleurs antillais telle qu'elle existait au début du siècle et que l'on pouvait encore voir après la Seconde Guerre mondiale.

3. Les élites économiques et sociales

a) Les industriels et commerçants

Du côté patronnal, on n'a jamais été chaudement partisan de l'assimilation car on appréhendait le rattachement au régime fiscal national, la fin de certaines exemptions et l'augmentation générale des taxes.

On craignait également que l'assimilation entraînât une politique de sursalaires, et par conséquent une diminution des bénéfices des entreprises. Ces craintes se sont trouvées confirmées [...].

b) Les dirigeants ouvriers, eux, sont déçus dans leurs espérances ; ils croyaient que l'assimilation, c'était automatiquement la manne sous les espèces des lois sociales [...]. Or, la réalité se montre sous un jour moins riant qu'ils ne l'avaient fait entrevoir à leurs troupes : allocations et indemnités de la sécurité sociale ne seront reçues sans la contre-partie de l'assiduité au travail et de versements en argent. Les chefs «cégétistes» sont également effrayés par l'obligation de créer et d'administrer eux-mêmes les caisses de sécurité sociale [...].

Conclusion

[...] Chacun a réfléchi ; il s'est aperçu que l'assimilation associant plus étroitement qu'avant la Martinique à la mère-patrie, l'île pouvait pâtir de la grande pénitence subie par la métropole et dont ici, on n'avait, il faut le dire, qu'une assez faible idée [...]. En ce moment, on voit s'unir en une sorte de «syndicat des mécontents», des gens et des groupes divers, à l'ordinaire indifférents et parfois hostiles entre eux [...]. Aucun éditorial favorable à l'assimilation n'a paru depuis le 1er janvier [...].

Cet exposé sans fard, je le terminerai cependant sur une note optimiste [...]. La crise psychologique que j'ai évoquée ne peut être que provisoire. Elle passera si le pouvoir central et l'autorité préfectorale tiennent bon contre elle. Au reste, il est assez encourageant de constater que la critique du nouveau régime ne s'accompagne pas d'une demande de retour à l'ancien, car l'horreur du terme «colonial» est demeurée sacrée [...].

Un préfet dans la jungle

Robert Vignon, premier préfet de la Guyane, entreprend, en janvier 1949, une tournée dans l'intérieur du nouveau département. Comme le relate son journal, il y découvre des communautés ignorées des autorités, vivant en autarcie sous la direction de missionnaires dont l'activité pallie la carence de l'administration.

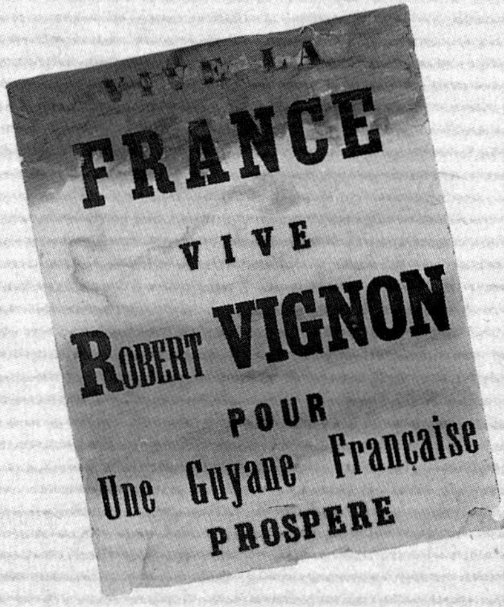

En 1961, R. Vignon fut élu conseiller général du canton d'Iracoubo, en Guyane.

C'est en 1936 que le Père Didier quittant le village d'Ipoucin où il était provisoirement installé, se fixa à Saül, choisi pour sa position centrale, exactement à cheval sur les bassins de la Mana et de l'Approuague. Le village ne comptait pas alors 20 carbets, mais 30 petites agglomérations étaient disséminées alentours, comptant chacune une dizaine d'habitants, vivant dans des conditions de misère indescriptible.

Bons missionnaires...

Dès que l'installation du Père Didier fut définitive, dès 1937, se produisit le phénomène de cristallisation de la population que j'ai souligné déjà, quelques fois d'ailleurs en raison de l'évolution inverse. La population se groupa autour du clocher. Les petits villages furent abandonnés et une vie sociale, collective commença à s'organiser.

Avant cette date, il n'y avait pas d'enfants dans les bois. Les avortements étaient systématiquement pratiqués et les quelques enfants qui naissaient étaient immédiatement envoyés à Sainte-Lucie. J'ai déjà dit que sur 280 habitants, Saül ne compte que 10 Français. Cette population existait déjà à cette époque.

A l'ombre du clocher, le Père Didier ouvrit une école qui compte aujourd'hui deux classes et tous les enfants qui la fréquentent (84), parlent le français, le lisent, l'écrivent et ignorent l'anglais. Je n'ai vu que deux enfants parlant cette langue.

Depuis 1937, pas un seul départ définitif de Saint-Luciens vers leur patrie d'origine n'a eu lieu. Les carbets se sont multipliés, ils sont plus de cent aujourd'hui. Entourés de jardins, de cultures diverses, construits sur pilotis

Robert Vignon (au centre) a été le premier préfet de la Guyane de 1947 à 1952.

isolants, ils ont bonne allure. Le village malheureusement n'est pas tracé et n'a donc aucune harmonie. Il suffirait d'une administration intelligente pour corriger cette erreur rapidement et sans frais. En tout cas, carbets et jardins ont contribué à fixer la population d'une manière qui semble définitive.

... Et commerçants peu scrupuleux

Accentuant son action sociale, le Père Didier eut à lutter contre un des fléaux de l'intérieur, le commerçant spéculateur.

En effet, je l'ai dit ailleurs, il arrive fréquemment que le mineur isolé, misérable, vivant de court crédit usuraire est la proie facile du commerçant peu scrupuleux. Ici, dans l'Inini, la monnaie-papier est inconnue. Tout se règle au gramme ou au décigramme d'or. En outre, les difficultés de transport, que le présent compte-rendu souligne, augmentent le coût de chaque produit. Enfin, le mineur, absorbé par le travail de l'or, ne produisant rien, est à la merci du commerçant dont il doit subir inexorablement la loi.

L'agglomération de Saül était une proie tentante pour les rapaces de cette sorte et les prix montèrent dans des proportions inquiétantes. Le Père Didier organisa alors une coopérative de mineurs qui stabilisa les prix. La coopérative fonctionne normalement avec un fonds de roulement de 5 kg d'or.

Dans le même ordre d'idée, le Père Didier organisa une caisse d'épargne et une société de secours mutuels. Cette dernière a donc distribué depuis 1942 des secours représentant un montant total de plus de 2 kg d'or. Trente familles y adhèrent et bénéficient des avantages prévus : allocations en cas de décès, en cas de maladie exigeant le départ pour Cayenne.

L'empreinte du Père Didier

Telle est, brièvement et trop sommairement résumée, l'oeuvre menée par le Père Didier dans cette terre française d'où, sans lui la France serait pratiquement absente.

Certes, son activité lui a valu de solides inimitiés de la part des commerçants dont il a jugulé les appétits désordonnés. Mais il a l'estime et même l'affection de tous ses paroissiens dont beaucoup, sujets anglais, sont des protestants. Il a droit en outre à la reconnaissance des pouvoirs publics qui n'ont eu jusqu'à présent qu'à épauler ses initiatives bienfaisantes.

En résumé, voici la situation de Saül en ce début d'année 1949 ; une agglomération de 300 personnes environ, sans administration, ne vivant que par la présence d'un seul homme, le Père Didier. Lui disparaissant, dans l'état actuel des choses, c'est l'émiettement de la population, la disparition de toute vie civilisée, l'exploitation de l'homme par l'homme.

Le seul représentant de l'administration, un gendarme, se trouve à Patience, à plus de 2 jours de marche.

L'action de Michel Debré, premier ministre, en faveur des départements d'outre-mer

Marqué par l'exemple algérien, Michel Debré, Premier ministre de 1959 à 1962, a donné une nouvelle impulsion à la réforme départementale. Il a su mobiliser les moyens nécessaires pour mieux intégrer les départements d'outre-mer au sein de la République. Ce texte constitue son dernier témoignage d'homme politique.

La Réunion, juillet 1959 : le choc d'une prise de conscience

En juillet 1959, pour la première fois, peu de temps avant le 14 juillet, je me rends dans les territoires d'outre-mer, à Madagascar précisément, où se tient le premier conseil de la Communauté organisé hors de France. J'accompagne ensuite le général De Gaulle lors de la première visite qu'un chef d'Etat français accomplit à La Réunion. L'Algérie est alors notre grand problème. Au fil des semaines, les efforts tentés pour définir une association entre deux peuples intimement liés par leur histoire, se heurtent à un mur d'incompréhension. Par contraste, les terres qui demeurent attachées, par la volonté de leurs habitants, à la nationalité française, sont négligées.

J'ai connu beaucoup de grands rassemblements dans ma vie politique, mais le souvenir des milliers et des milliers d'hommes et de femmes massés au stade de la Redoute à Saint-Denis, la ferveur du sentiment patriotique qu'exprime une étonnante diversité de visages, demeure sans équivalent dans ma mémoire.

Profondément heureux du rayonnement de la France, je mesure aussi à quel point la situation de La Réunion, département français depuis 1946, est indigne : l'indifférence de la métropole est un véritable scandale. J'ignore alors que mon destin politique sera, un jour, étroitement associé à cette terre lointaine dont entre 1963 et 1988, je serai député, mais de retour à Matignon, je décide de m'occuper activement de la

Affiche électorale de M. Debré pour les législatives de 1963 à La Réunion. Seul exemple où le général De Gaulle ait accepté de figurer aux côtés d'un candidat à la députation.

situation des Départements et Territoires d'outre-mer.

Un bilan pessimiste

En Conseil des ministres, je dresse un bilan sans complaisance de la loi de 1946. Ses intentions sont bonnes, certes, mais, comme souvent sous la IVe République, non suivies d'effet. Et comment aurait-il pu en être autrement au vu des structures mises en place ? En effet, jusqu'en 1946, tous les services relatifs à l'Outre-Mer étaient centralisés rue Oudinot, sous la direction de l'ancien ministre des colonies. La nouvelle législation se traduit par un éclatement administratif, les ministères techniques sont désormais tous compétents. Ce processus de décision fragmenté aboutit à une absence de résultat : à l'exception, certes non négligeable, de l'assistance médicale et judiciaire gratuites, de la mise en place d'une infrastructure routière et du remplacement des gouverneurs par les préfets, tout reste à faire pour le développement intellectuel, économique et social de ces terres françaises.

De nouveaux moyens pour une nouvelle politique

Si l'on veut que les choses avancent régulièrement, il faut concevoir une structure qui puisse se préoccuper des problèmes et prendre des décisions. Dans un premier temps, ce sera le rôle de Comités interministériels que je réunis et préside à intervalles réguliers, puis, sur la suggestion de Jacques Foccart, de Conseils restreints à l'Elysée, présidés par le général De Gaulle. La France lointaine intéresse désormais les plus hautes autorités de l'Etat. Dès lors, nous avons les moyens d'une politique à la fois sur le court et le moyen terme.

Le dynamisme démographique de ces territoires entraîne une forte augmentation du nombre des jeunes. Or je suis stupéfait dc constater que rien n'a été prévu pour assurer leur avenir. Afin de trouver une solution partielle mais rapide à ce problème, je prends une première décision : substituer au volontariat un service militaire obligatoire pour tous les jeunes garçons des DOM-TOM. C'est leur donner l'occasion d'être soumis aux mêmes obligations que tous les jeunes français mais aussi leur permettre de rompre leur isolement géographique : c'est ainsi qu'une grande partie du contingent est envoyée en métropole et débute une formation professionnelle, notamment à la Roche-Sur-Yon où je me rends.

Une année n'est pas écoulée que les plus sceptiques doivent reconnaître qu'il s'agit là d'une mesure bien acceptée par la grande majorité des populations. Ce d'autant plus que le nouveau système tient compte de la situation particulière de chaque département. En Guyane, par exemple, est institué un «service militaire adapté» qui crée des unités militaires de travailleurs dont le principal objectif est la mise en valeur du pays : l'ouverture de nouvelles routes, les aides à l'implantation d'activités industrielles et à l'installation de colons seront les missions les plus réussies. Le succès est tel que la formule sera réclamée et accordée aux Antilles et, plus tard, à l'île de La Réunion.

Je me préoccupe également de la situation des jeunes qui ne sont pas concernés par le service militaire : je crée en 1959 le bureau des migrations pour l'ensemble des département d'outre-mer, plus connu par ses initiales, le BUMIDOM.

Aussi importantes que soient ces mesures immédiates, je n'oublie pas le long terme. Pour mener une politique cohérente dans les domaines de

Paul Demange, premier préfet de La Réunion, lors d'une cérémonie du 11 novembre.

l'éducation, de la santé, de l'agriculture et de l'industrie indispensables au développement de cette France lointaine, pour assurer le progrès social, il faut impérativement que cessent les saupoudrages de subventions, dont la modicité et l'éparpillement sont préjudiciables au bien commun. Je demande donc à Robert Lecourt, ministre d'Etat des départements et territoires d'outre-mer (1960-1961), de préparer deux lois de programme, l'une pour les départements, l'autre pour les territoires. Un soin particulier sera apporté à l'élaboration de ces textes : le ministre se rendra sur place pour prendre le pouls de l'opinion publique et mettre en place une politique de consultation, ce qui lui vaudra, chose exceptionnelle, les félicitations publiques d'Aimé Césaire, député communiste martiniquais.

Pour les DOM, la loi de programme de 1960

Les quatre départements d'outre-mer font l'objet de la loi de programme du 30 juillet 1960. En dépit de la situation financière toujours menacée de la France, 240 millions de francs de crédits sont débloqués pour trois ans auxquels s'ajoutent, pour la même durée, 119 millions de francs attribués aux budgets des divers ministères intéressés. Je ne veux pas ici entrer dans des considérations trop techniques, mais, par rapport à 1958, si l'on prend en considération l'augmentation de la dotation du Fonds d'Investissement des Départements d'Outre-mer (FIDOM), c'est plus de 200 millions de francs de crédits supplémentaires qui sont mis à leur disposition. La volonté du gouvernement est clairement affirmée et si la loi fait l'objet de critiques lors de la discussion parlementaire, nul ne conteste qu'elle marque un net infléchissement de la politique de la France à l'égard des DOM. Désormais la métropole a pris clairement conscience du double problème : le problème économique du sous-développement et le problème social de la surpopulation.

La diversité des TOM

Les territoires d'Outre-mer sont moins favorisés. La loi de programme qui les concerne date du 23 juin 1961. Brièvement rédigée, elle ne comporte qu'un crédit répartissant sur trois ans 110 millions de francs destinés à l'équipement économique et social. Derrière l'appellation unique «territoire d'outre-mer», la diversité est si grande qu'il est impossible de concevoir un texte de portée globale comparable à celui élaboré pour les DOM.

Néanmoins, une évolution politique se dessine avec le statut des Comores (loi de 22 décembre 1961). J'aurais voulu faire davantage, mais mon départ de Matignon en avril 1962 ne me permettra pas de promulguer pour la Polynésie et Saint-Pierre-et-Miquelon les dispositions dont j'ai demandé l'étude.

L'égalité sociale : un but et un devoir

Il eût fallu marquer le caractère départemental de La Réunion, des Antilles et de la Guyane par une importante avancée sociale. Le salaire minimum, s'il ne pouvait être le même qu'en métropole en raison de la différence des modes de vie et de l'environnement extérieur, était, en revanche, anormalement bas. Une fois ce constat fait, on arrivait à la quadrature du cercle : l'extension automatique des mesures en vigueur en métropole était inenvisageable, voire même néfaste puisqu'à aucun moment n'était prise en compte la spécificité des problèmes des départements d'Outre-mer : sous-alimentation, sous-logement, sous-éducation. Pourquoi, dès lors, ne pas décider de mesures particulières en contrepartie de la non-application des lois sociales métropolitaines ? C'est ainsi qu'est née la «parité», proposition hérétique aux yeux de ceux qui ne voulaient rien faire comme de ceux qui ne concevaient que l'assimilation. Une partie des fonds de la sécurité sociale serait directement affectée aux familles, l'autre serait allouée à chaque département pour des actions spécifiques correspondant aux sommes dont auraient profité les habitants si la loi avait été entièrement appliquée. Je ne suis pas parvenu à atteindre cet objectif.

Ce n'est qu'après mon départ, une fois élu député de La Réunion en 1963 que je ferai triompher mes vues. Je me suis passionné pour cette oeuvre de modernisation de nos départements d'outre-mer et j'ai commencé un effort analogue pour nos territoires. Mon départ provoque un recul de la part d'administrations qui ne se sentent plus concernées, malgré les efforts de Louis Jacquinot et de Max Moulins, convaincus, l'un et l'autre que le patriotisme exige intérêt et vigilance à l'égard de la France lointaine. On doit à cette bonne équipe l'extension du service militaire adapté, les premières applications de la parité sociale et un bon combat pour l'application des déductions fiscales en faveur des investissements industriels. Cependant, la fin des Comité interministériels à Matignon et des Conseils restreints à l'Elysée a de sérieuses conséquences. En 1961, Lucien Paye, ministre de l'Education nationale, avait, à ma demande, posé la première pierre d'un établissement secondaire dans le sud de La Réunion. Deux ans plus tard, candidat à la députation, je souhaite visiter le nouveau lycée ou au moins son chantier. Les visages s'allongent : dès mon départ de Matignon, le projet a été abandonné. La végétation luxuriante a si bien recouvert la première pierre qu'on ne pût la retrouver. Elu, je poserai une seconde «première pierre» et baptiserai le lycée du nom de Roland-Garros : il est aujourd'hui en tête des établissements français scolaires d'outre-mer par le nombre d'élèves et d'enseignants.

De Fort-de-France à Bruxelles, l'itinéraire politique d'un ardent défenseur de la départementalisation

Acteur privilégié de la départementalisation pendant plus de 40 ans, Victor Sablé, ancien député, est un représentant de la bourgeoisie mulâtre des Antilles qui fut sous la IIIe République à la pointe du combat départementaliste .

En 1946, année de la départementalisation, quelle représentation les métropolitains avaient-ils des «quatre vieilles colonies» ?

VICTOR SABLÉ. – Les métropolitains de l'époque avaient une idée plutôt flatteuse des «quatre vieilles colonies». Elles avaient un statut spécial parce que leurs habitants étaient les seuls de l'outre-mer à avoir la citoyenneté française. Je dirais même qu'ils étaient assez fiers des Antillais puisqu'ils pouvaient montrer ce que la colonisation française avait pu faire des descendants d'esclaves. C'était un des aspects de la Réussite de la civilisation française.

La citoyenneté française donnait aux habitants des quatre «vieilles colonies» une place particulière au sein de l'empire français. En était-il de même en métropole ?

VICTOR SABLÉ – Oui. A l'époque, les Antillais avaient constitué une élite, peu nombreuse, certes, mais qui avait acquis des positions très honorables dans la société et en particulier dans la société parisienne. Les Antilles, c'était surtout Paris, alors que La Réunion, c'était Marseille. Il y avait à cette époque, parmi le peu d'Antillais qui vivaient en France, beaucoup d'avocats, de médecins, de professeurs...

Nous avions également des ministres dans tous les gouvernements. Voilà pourquoi les Antillais, quoique peu nombreux,

Victor Sablé (à gauche), au côté d'Aimé Césaire : amis en privé, adversaires en politique.

avaient une certaine renommée.

Il y avait bien quelques étudiants africains au quartier latin – Houphouët-Boigny, Senghor,...– mais ils étaient alors soumis au régime de l'indigénat dans leur pays et dans l'ensemble, ils aspiraient à accéder aux mêmes droits et libertés que nous.

Quel est selon vous, le facteur décisif qui est à l'origine de la loi de départementalisation de 1946 ?

VICTOR SABLÉ– Les lois sociales de la IIIème République. Il a fallu les étendre petit à petit aux Antilles et cela a nécessité des moyens financiers importants. En raison du régime d'autonomie financière, il fallait trouver l'argent sur place. Certes la richesse locale était grande : c'était la richesse coloniale, sucrière et rhumière. Mais la colonie n'en percevait qu'une petite partie par le biais des droits de sortie du rhum et du sucre et les droits d'octroi.

Pour financer les réformes sociales qui se multipliaient en France, il fallait augmenter ces droits ; les usiniers commençaient à protester. Rien ne pouvait alors se faire en matière sociale sans l'aide de la métropole et sans la départementalisation, qui génére des transferts financiers de métropole. Je tiens cependant à préciser que si ce besoin de financement des réformes sociales a accéléré la mise en place de la départementalisation, cette dernière constituait un vieux rêve qui remonte au milieu du XIXe siècle, à l'époque de Schœlcher.

Ce rêve a t-il été partagé par l'ensemble des couches sociales en Martinique ?

Victor SABLÉ – Non bien sûr. Il y avait une résistance du côté des békés, des usiniers. Pour eux, l'assimilation -c'est bien plus tard que l'on a parlé de départementalisation- cela signifiait tout d'abord la haussc des salaires et des impôts pour financer les réformes sociales. Cela voulait dire également la perte de leur prééminence économique et sociale et le triomphe de la vieille revendication d'égalité.

La loi sur la départementalisation est votée à l'unanimité au mois de mars 1946. Elle est très courte ; elle énonce un principe. Son application pose rapidement problème. Vous avez expliqué dans vos livres la lenteur de sa mise en oeuvre par l'attitude de la technocratie. Pourriez-vous préciser ce point ?

VICTOR SABLÉ – Il est vrai qu'il y avait une tradition coloniale très forte au siège du ministère de la France d''outre-mer, rue Oudinot. Mais nous nous connaissions bien et finissions toujours par nous comprendre. Les problèmes de relation avec la technocratie existaient surtout à l'égard des autres ministères. En effet, avec la départementalisation un problème s'est rapidement posé : devions-nous rester sous la tutelle de la rue Oudinot ou devions-nous relever des différents ministères comme les autres départements français ?

A partir des années 1960, le ministère de la coordination était rue Oudinot mais nous relevions aussi d'autres ministères comme l'équipement, l'agriculture, le logement... C'est alors que le rôle de la technocratie a été critiqué. Contrairement à ceux de la rue Oudinot, les fonctionnaires des ministères techniques n'avaient jamais eu de rapport avec les colonies. Ils les connaissaient très mal. De plus, ils étaient la cible de groupes de pression. Les betteraviers et producteurs de cognac et d'armagnac avaient infiniment plus de poids que les producteurs de sucre et de rhum.

Malgré les efforts des uns et des autres, cette départementalisation est lente à venir et la contestation s'organise petit à petit par ceux-là même qui avaient été les promoteurs de la réforme. Pourriez-vous expliquer la volte-face des communistes vis-à-vis de cette réforme ?

Victor Sablé – Les plus grands défenseurs de la départementalisation étaient communistes ; mais à l'époque être communiste en Martinique, c'était être contre Pétain, l'amiral Robert et Hitler, contre le fascisme, le racisme. Ils occupaient de nombreux postes jusqu'en 1947, date à laquelle Ramadier décida de les exclure du Gouvernement.

Dès lors, la départementalisation marque le pas : la réforme est perçue par le pouvoir en place comme étant d'inspiration communiste et fort coûteuse. Les communistes tirent à boulets rouges sur le Gouvernement. Ils jugent sa politique réactionnaire vis-à-vis des nouveaux départements d'outre-mer. Mais j'ai en mémoire un souvenir qui me fait dire que les communistes d'avant 1947 avaient un esprit étonnamment retardataire. Je n'oublierai jamais en effet ma démarche effectuée auprès d'Ambroise Croisat, ministre communiste, pour lui demander l'extension aux Antilles de la loi de 1945 sur la sécurité sociale. Cet homme politique influent me répondit par écrit qu'il fallait attendre, parce que les populations Antillaises n'avaient pas atteint un degré d'évolution sociale suffisant, bien qu'elles aient démontré dans le passé qu'elles étaient plus évoluées que le reste des populations de l'empire.

Face à l'opposition d'Ambroise Croisat, j'ai prié Gaston Monnerville, qui venait d'être élu président du Sénat, de convaincre Yvon Delbos, ministre d'Etat, chargé de la coordination de la mise en œuvre de la réforme sur la départementalisation. C'est ainsi que les textes sur la sécurité sociale furent promulgués dans les départements d'outre-mer, grâce à un vieux radical de la IIIe République.

Course de gommiers en rade de Fort-de-France.

Les communistes se sont donc installés dans une opposition offensive et combative dès 1947. Leur action avait d'autant plus de retentissement que les Antillais étaient très impatients. Les communistes avaient promis monts et merveilles en soutenant que la départementalisation allait renverser la ploutocratie coloniale. Mais rien n'est venu et le mécontentement s'est installé. Les années ont passé et ce n'est que très progressivement qu'ont été obtenus les avantages de la départementalisation. La mise en place de cette réforme coûtait beaucoup d'argent et la France, qui était en pleine reconstruction, en manquait.

La départementalisation était un sujet d'autant plus controversé que même les mesures les plus positives comme l'augmentation des salaires, pouvaient avoir des effets pervers pour les entreprises incapables de supporter

toute hausse de coût. A cette époque, les coupeurs de canne sont venus des îles anglaises, de Sainte-Lucie et de Saint-Domingue, par pleins bateaux car ils étaient payés moins cher.

Le gaullisme a une grande importance contre les idées autonomistes qui se développent à partir des années 1950. Le général De Gaulle a effectué plusieurs visites aux Antilles. C'est en 1958 que vous êtes élu député et qu'avec Aimé Césaire, vous avez une entrevue importante avec le général. Quel est donc le rôle du général De Gaulle aux Antilles ?
Victor SABLÉ – En 1945, nous étions pratiquement tous gaullistes en Martinique ; on était contre les «boches». N'oubliez pas que les Antillais étaient présents à la bataille de la Marne, à Verdun, aux Dardanelles ; les Antillais ont été partout pendant la Première Guerre Mondiale, et même en 1870 avec Bazaine. La IVe République, entrainée dans les guerres coloniales, a été très mal perçue aux Antilles. La départementalisation paraît avoir été le cadet de ses soucis. C'est le général De Gaulle qui a repris cette réforme en mains. En effet, depuis 1958, sous son impulsion, les crédits nous ont été alloués plus abondamment. Le premier gouvernement Debré a très rapidement pris un certain nombre de mesures.

L'Europe est un autre thème qui a une importance dans l'application du statut départemental. Les départements d'outre-mer comme départements français font partie de l'Europe. Vous avez été le premier à représenter les départements d'outre-mer au Parlement européen en 1979. Comment est perçue l'Europe par les populations d'outre-mer ?
Victor SABLÉ - De 1957 à 1972, l'Europe n'intéressait pas les départements d'outre-mer. Elle a commencé à appeler notre attention à partir de 1972 lorsque la Grande-Bretagne y est entrée. Nous avons été ainsi mis en concurrence avec les îles anglaises de la Caraïbe. Nous avons eu des intérêts à défendre face au Commonwealth et aux financiers de Londres.

Vous écrivez dans vos mémoires que votre travail de député n'a pas été facile. Pouvez-vous nous expliquer pourquoi ?
Victor SABLÉ - Parce que j'étais un homme seul. A Paris, le ministère des DOM-TOM voulait être le passage obligé entre Bruxelles et les départements d'outre-mer. Localement, les corporatismes étaient puissants. Chaque industriel du rhum, chaque planteur de banane allait directement à Bruxelles pour défendre son entreprise et non pour élaborer une véritable structure permettant de prendre en compte l'outre-mer dans sa globalité. Chacun jouait son jeu. J'ai pourtant obtenu beaucoup de crédits pour les Antilles-Guyane. Aux européennes de 1984, il n'y avait plus d'élu d'outre-mer au Parlement européen. Je le déplore car cela correspond à coup sûr à une baisse de l'influence des départements d'outre-mer.

La mondialisation des médias: un risque pour les DOM

La dimension internationale des DOM, si elle est un atout, peut représenter également un danger. En particulier, l'extension à l'échelle planétaire des techniques d'information et de communication peut aller à l'encontre des particularismes locaux, facteurs de développement.

La priorité de l'avenir est d'écarter un «scénario catastrophe» qui résulterait, dans un cadre institutionnel stable, de la combinaison de la libéralisation des économies domiennes ruinant leurs facultés d'emplois, avec en contrepartie la mise en place de couvertures sociales pour pertes de revenus, sortes de filets de sécurité, démotivants à l'égard de l'auto-développement. Une telle combinaison contribuerait à une dégradation des conditions de vie, de sécurité, d'urbanisme, d'environnement et à une mise en cause des cultures et des valeurs.

Afin de consolider des garanties sociales incontournables, l'avenir des DOM ne peut se construire qu'en cherchant des pistes de conciliation dans les ordres institutionnel, international et économique. Toutes font appel à une dose importante d'imagination et de créativité donnant tout leur poids aux facteurs relationnels et médiatiques.

En matière d'institutions, s'il s'agit de «parfaire la départementalisation», est-il question de mieux l'accomplir ou de la dépasser ? L'ambition de mieux l'accomplir porte parfois à des débats qui semblent d'intérêt secondaire comme la subdivision en deux départements. La réponse peut être tout simplement dans un meilleur maillage administratif,

Hôtel du conseil général de Martinique.

Hôtel du conseil régional de Martinique.

chacun sachant bien que déjà la superposition de deux assemblées, départementale et régionale, complique le fonctionnement et alourdit les frais généraux.

C'est un débat d'une toute autre portée que celui de savoir jusqu'où pourrait être poussée la décentralisation. L'idée prudemment émise par le groupe du XIe plan d'une éventuelle part d'autonomie dans la définition des prestations sociales pour les adapter aux singularités démographiques, familiales, économiques et culturelles de chaque DOM n'a pu être reprise dès lors que 1996 voyait se réaliser l'ambition assimilationniste de l'alignement. Il n'est pas impossible que l'on revienne sur cette réflexion.

En matière internationale, deux questions peuvent être posées. La première tient au rôle stratégique des DOM qui est atténué par les facultés technologiques militaires d'intervention depuis des bases distantes. Toutefois, ce rôle subsiste avec des fonctions nouvelles, comme celles de la base spatiale de Guyane. La seconde question est de savoir si la mondialisation de l'économie qui absorbe le phénomène européen, puisque l'Europe n'exerce plus guère de préférence commerciale à son propre bénéfice dès lors qu'elle est soumise par le libre échangisme aux intérêts du négoce international, épargnera pour une part les économies tropicales domiennes. Des réponses techniques satisfaisantes à cette question existent. Elles permettent de garantir des débouchés externes et internes aux produits domiens grâce à des systèmes de prélèvements sur les produits des pays tiers pratiquant le dumping social et monétaire.

Dans une optique non protectionniste, mais de codéveloppement, la contre-valeur serait ristournée aux économies d'origine sous réserve de son réemploi en commandes faites à l'Europe. Ces techniques -aux doubles effets positifs en matière d'emploi- n'ont jamais retenu l'attention des pays libéraux ni des organisations européenne ou internationale dont les intérêts commerciaux et financiers sont aujourd'hui en opposition avec une telle régulation. La situation des DOM, avec laquelle une part des économies de main d'oeuvre de l'Europe n'est pas sans parenté, peut d'ailleurs offrir une forme de laboratoire à la recherche de réponses adaptées. Cette question pourrait se poser à nouveau pour les DOM le jour où, par exemple, seraient remis en cause les quotas garantis d'exportation en Europe de produits tropicaux et les protections par l'octroi de mer des activités propres internes.

Les paramètres des perspectives économiques exigent la consolidation de l'économie traditionnelle, comme l'ouverture de nouveaux chantiers. L'illusion serait de penser que la solution pourrait venir d'un choix pour le tout tourisme dont les limites existent avec la concurrence des pays voisins, l'épuisement des sites, les équilibres culturels. Ce serait encore une illusion de voir, dans les indispensables collaborations régionales, une réponse d'ampleur suffisante aux besoins de développement. Celui-ci ne peut provenir que de la détection, secteur par secteur, de nouveaux marchés rentables appuyés sur des transferts de technologie, des apports en recherche, des délocalisations permises par le télétravail, sans oublier l'exploitation de conditions géographiques et culturelles, favorables à la naissance d'un secteur de production audiovisuel et cinématographique. Le développement pourraît être assuré également par les techniques de zones franches permettant de faire entrer hors droits dans les pays de la communauté, sous réserve d'une part locale de valeur ajoutée, des produits de pays tiers voisins, mais aussi par le recours au «banking off shore», pratique courante des Etats situés dans les mêmes zones géographiques que les DOM.

En tous domaines, il n'y a qu'un avenir pour les DOM, celui de l'imagination. La recherche d'une solution consensuelle au problème des sur-rémunérations en est un frappant exemple. Conformément à plusieurs préconisations[1] , le cheminement à rechercher est de verser une part de l'indexation sous forme d'épargne bloquée pour une certaine durée. Elle serait réinvestie dans les économies locales qui cesseraient ainsi de subir l'effet inflationniste de la sur-rémunération tout en continuant à bénéficier de cet apport.

Mais, mettre l'imagination en oeuvre, c'est aussi heurter les habitudes de pensée et les modes de conduite liant ceux qui outre-mer se considèrent comme des créanciers de l'Histoire et ceux qui en métropole sont sceptiques à l'égard de l'outre-mer. Pour contrecarrer cette complicité conservatrice, on peut escompter que l'avenir des DOM fasse, de plus en plus vite, place à de grandes ouvertures des systèmes relationnels qui, sous réserve de n'être pas porteurs de déstructurations, constituent des aspects moteurs nés de la mondialisation.

La multiplication et la baisse du coût des transports banalisent de manière positive la relation de l'Europe et des DOM. Les paysages audiovisuels des DOM vont faire coexister des chaînes cryptées (comme Canal) et des chaînes en clair (service public -RFO- et chaînes privées).

Une bonne complémentarité peut être ainsi mise en oeuvre pour autant que les DOM échappent aux risques d'un modèle libéral audiovisuel qui laminerait le service public national en privilégiant d'une part, les avalanches d'images d'une télédiffusion mondiale, d'autre part une production localiste assurée par des stations autonomes en fait ou en droit. C'est dans ces contextes que trouvent place les ambitions souvent très coûteuses des opérateurs régionaux publics ou privés pour gérer des systèmes satellitaires de télécommunication ou d'échanges télévisuels qui pourraient cependant être générateurs d'emplois. Les «autoroutes de la communication» en seraient par excellence le modèle. Ce modèle constitue toutefois un délicat challenge pour les DOM : réversibles par nature, de telles autoroutes servent à l'identique les pôles qu'elles irriguent, si chacun d'eux a non seulement quelque chose à recevoir, mais aussi quelque chose à émettre. A défaut d'avoir, à un niveau convenable, cette seconde faculté, les DOM pourraient craindre une certaine colonisation par des services télédistribués.

C'est dire toute l'importance qui

Reflet du développement du secteur tertiaire depuis 1946, le tourisme est un atout des départements d'outre-mer.

s'attache à la promotion des DOM par l'image et par tous médias. Si les DOM, leurs histoires, leurs cultures, leurs valeurs, leurs attraits, leurs potentialités économiques ne sont pas représentés convenablement et largement par les supports écrits ainsi que sur les ondes et sur les écrans du monde, ils ne seront rien que des petits débouchés des économies dominantes.

Si la métropole et l'Europe, au premier chef, ne sont pas sensibilisées sur leur existence, leurs réalités, leurs problèmes, les chances qu'ils représentent, et si elles ne s'intéressent à eux que lors de crises politiques, de dévastations cycloniques, d'exotisme balnéaire ou de vertige ludique, ils seront cantonnés dans le ghetto des faits divers et des images d'Epinal.

Leur valorisation médiatique est indispensable pour la réussite d'un tourisme culturel, pour la mobilisation des investisseurs, pour leur notoriété dans le monde, pour leur rayonnement dans les bassins océaniques où ils sont présents, plus encore, pour le maintien des solidarités fondamentales avec et dans la République. La vraie menace à l'égard de l'avenir de la départementalisation, ce n'est pas une contestation indépendantiste ; c'est le risque d'un désintérêt des métropolitains pour ces départements d'outre-mer dont on sait peu sinon qu'ils ont la réputation de coûter cher en croyant qu'ils offrent d'agréables conditions d'existence. Voilà pourquoi l'avenir des DOM et l'importance des moyens qui pourront y être appliqués dépendent largement de tout facteur apte à valoriser leur présence dans la République et dans l'Europe. «Quand je suis outre-mer», dit le ministre en charge de celui-ci, «la France est partout présente ; quand je suis en métropole, l'outre-mer, on ne connaît pas». Cette connaissance nécessaire est devenue la condition d'un avenir solidaire.

Gérard Bélorgey,
président de RFO

1 Région de La Réunion, propositions du groupe du XIème plan, travaux de l'inspection générale des finances sur le financement de l'économie dans les DOM.

Chronologie de la mise en œuvre de l'égalité sociale entre la métropole et les départements d'outre-mer

Dans l'esprit des promoteurs de la réforme de 1946, la départementalisation des «vieilles colonies» devait leur permettre d'égaler le niveau de protection sociale métropolitain. Cet objectif a été atteint en 1996, l'année du cinquantenaire, par l'alignement du SMIC et de l'intégralité des prestations sociales sur la métropole.

1945
Ordonnance du 4 octobre créant la sécurité sociale. Elle ne s'applique pas outre-mer.

1946
Création des départements d'outre-mer (loi du 19 mars). Les lois et décrets métropolitains s'appliquent automatiquement dans les DOM sauf mention contraire (Constitution de la IVe République-art.73).

1947
Décret étendant la sécurité sociale aux DOM.

1949
Loi étendant le régime des accidents du travail et des maladies professionnelles, y compris pour les ouvriers agricoles, ce qui ne sera le cas en métropole qu'à partir du 25 octobre 1972.

1958
Article 73 de la Constitution de la Ve République, qui reprend les dispositions de l'article 73 de la Constitution de la IVe République.

1963
Institution de la parité globale pour les allocations familiales. Les familles des DOM perçoivent des allocations familiales inférieures à celles des familles métropolitaines. La parité sociale globale permet cependant de rétablir l'équilibre, en moyenne départementale. Pour ce faire, les allocations peuvent être versées, dans les DOM, aux ménages sans enfant ou utilisées pour des actions collectives de réduction des écarts sociaux.

1970
Loi instituant le SMIC en métropole et dans les DOM. Le SMIC des DOM est inférieur au SMIC de métropole mais évolue au même rythme.

1973
Alignement des augmentations d'allocations familiales sur la métropole.

1980
Décret étendant aux DOM le régime de l'aide aux travailleurs sans emploi : tardivement, l'assurance chômage se met en place dans les DOM.

1986
Loi instituant le principe de la parité sociale globale. Elle étend à toutes les prestations sociales le principe de la parité globale. Une commission est instaurée pour étudier la mise en oeuvre effective de la loi.

1988
Rapport de la commission nationale d'évaluation de la parité sociale globale présidée par Hector Riviérez (16 mars). Il propose un calendrier de mise en œuvre de la parité sociale globale.

1989
Institution du RMI dans les DOM et en métropole. En raison des différences de SMIC, le RMI des DOM est inférieur au RMI de métropole. Le différentiel (20 %) est consacré à des actions d'insertion dans les DOM.

1989
Rapport de la commission sur l'égalité sociale et le développement économique dans les DOM , présidée par Jean Ripert (décembre). 58 propositions visent à réaliser en 6 ans l'égalité sociale. Le rapport marque l'abandon de la notion de parité sociale au profit de celle d'égalité sociale.

1991
A la suite du rapport Ripert, la loi du 31 juillet pose le principe de l'alignement des allocations familiales au plus tard pour le 1er janvier 1995. L'alignement du SMIC, lui, se fait au fur et à mesure des décrets de revalorisation. L'égalité du SMIC n'a pas pu être atteinte au 1er janvier 1995.

1993
Dernier décret d'application de la loi du 31 juillet 1991. Les allocations familiales des DOM sont alignées sur leur montant métropolitain.

1994
Loi sur la famille étendant aux DOM l'allocation pour garde d'enfant à domicile et relevant la limite d'âge des enfants pour l'obtention de l'allocation logement. Cette loi est inspirée par la parité sociale et non par l'égalité sociale.

1995
Le nouveau Président de la République se prononce pour l'égalité sociale. Des mesures sont prises en ce sens :

1995
Alignement sur le niveau métropolitain de l'allocation de soutien familial et des primes de déménagement. Extension aux DOM de l'allocation de garde d'enfant à domicile, relèvement de la limite d'âge des enfants pour le droit à l'allocation logement.

1996
Alignement du SMIC sur la métropole. Extension rétroactive au 1er janvier de l'allocation parentale d'éducation et introduction de l'allocation pour jeune enfant.

BIBLIOGRAPHIE

Barat (Christian), Robert (René), dir., *Dictionnaire illustré de La Réunion*, Paris, DCF, 1991 (7 vol.)

Bastien (Daniel) dir., *Antilles. Espoirs et déchirements de l'âme créole*, Autrement, série Monde, n° 41, octobre 1989.

Belorgey (Gérard), Bertrand (Geneviève), *Les DOM-TOM*, Paris, La différence, 1994.

Berinstain (Valérie), Cardon (Dominique), Tchakaloff (Thierry-Nicolas), *Indiennes et palempores à l'île Bourbon au XVIIIe s.*, Saint-Louis de La Réunion, 1994.

Brossat (Alain), Maragnes (Daniel), *Les Antilles dans l'impasse ?*, L'Harmattan, Paris, 1981.

Butel (Paul), *La Caraïbe au temps des flibustiers*, Aubier, Paris, 1982.

Chamoiseau (Patrick), Confiant (Raphaël), *Lettres créoles. Tracées antillaises et continentales de la littérature, 1635-1975*, Paris, Hatier, 1991.

Chauleau (Liliane), *La vie quotidienne aux Antilles françaises au temps de Victor Schœlcher, XIXe siècle*, Hachette, Paris, 1979.

Corzani (Jack) dir., *Dictionnaire encyclopédique des Antilles et de la Guyane*, Fort-de-France, Désormeaux, 1992.

Guadeloupe, Guide Gallimard, Paris, 1994.

Levillain (Henriette) dir., *Guadeloupe 1875-1914. Les soubressauts d'une société pluri-ethnique ou les ambiguïtés de l'assimilation*, Autrement, série Mémoires, n° 28, janvier 1994.

Martinique, Guide Gallimard, Paris, 1994.

Mam-Lam-Fouck (Serge), *Histoire de la société guyanaise : les années cruciales, 1848-1946*. Editions caribéennes, 1986.

Meyer (Jean), *Esclaves et négriers*, Paris, Gallimard, col. Découvertes, 1995.

Meyer (Jean), *Histoire du sucre*, Paris, Desjonquères, 1989.

Meyer (Jean) et alii, *Histoire de la France coloniale*, Paris, Armand Colin, 1991, 2 vol.

Mollat (Michel), *Les explorateurs du XIIIe au XVIe siècle*, Paris, Lattès, 1984.

Monnerville (Gaston), *Témoignage*, Paris, Plon, 1975.

Montel (Aurélia), *Le père Labat viendra te prendre…*, Paris, Maisonneuve et Larose, 1996.

Pluchon (Pierre) dir., *Histoire des Antilles et de la Guyane. Martinique, Guadeloupe, Haïti, Guyane*, Toulouse, Privat, 1982.

Sablé (Victor), *Mémoires d'un Foyallais*, Paris, Maisonneuve et Larose, 1993.

Scherer (André), *La Réunion*, Paris, Que sais-je 1994.

Schmidt (Nelly), *Victor Schœlcher*, Paris, Fayard, 1994.

Tarrade (Jean), *Le commerce colonial de la france à la fin de l'Ancien régime. L'évolution du régime de l'Exclusif de 1763 à 1789*, Paris, PUF, 1972, 2 vol.

Vignon (Robert), *Gran Mam Baka*, Davol, 1985.

Voyage aux îles d'Amérique, catalogue de l'exposition réalisée par la direction des archives de France en avril-juillet 1992, Archives nationales, Paris, 1992.

TABLE DES ILLUSTRATIONS

gravure.
45b Les sœurs de Cluny, photographie. Coll. part.
46 Fête de l'abolition. Lithographie de Roussin. Coll. part.
47h C. Bissette, gravure. Coll. part.
47b Société française pour l'abolition. Bibliothèque de l'Assemblée nationale.

CHAPITRE III

48 Officiels à la Guadeloupe. Coll. Bouge.Chartres, Musée des Beaux-Arts.
49 Billet. Coll. part.
50 Schœlcher et Perrinon, gravure. Bibliothèque nationale, Paris.
51h Proclamation. Coll. Bouge. Chartres, Musée des Beaux-Arts.
51b Inscription sur un monument aux morts. Coll. part.
52h Pointe-à-Pitre. Coll. Bouge.
52g H. Légitimus, photographie. Coll. part.
53b Conseil général de la Guadeloupe. Coll. Bouge. Chartres, Musée des Beaux-Arts.
54/55 Saint-Pierre après l'éruption de la Pelée, photographie. Coll. part.
54 Saint-Pierre anéanti. Illustration de presse. Coll. part.
55 Les secours arrivant à Saint-Pierre. Illustration de presse. Coll. part.
56 Au monument aux morts, Guadeloupe. Coll. Bouge.Chartres, Musée des Beaux-Arts.
56-57 Palais du gouverneur. Institut français d'architecture. Centre des archives d'architecture du XXe siècle.
57b Cyclone de 1928, carte postale. Coll. part.
58h Timbres à l'effigie de la France Libre. Coll. part.
58b Hotel de ville de Fort-de-France
59h F. Eboué et le général De Gaulle. Coll. part.
59g Le maréchal Pétain, affiche.
60/61 Scènes de récolte de la canne à sucre. Coll. CIRAD.
61 Rhum, affiche. Bibliothèque Forney.
62-63 Différentes étapes de la culture de la banane. Coll. CIRAD.
63 «Mangez des bananes françaises». Affiche. Bibliothèque Forney.
64h Sarda Garriga. Lithogaphie de Roussin. Coll. part.
64b Port de la Pointe des Galets. Photographie de Salles, Société de Géographie.
65 Émeutes à la Réunion. Lithographie de Poussin. Coll. part.
66h Le courrier à La Réunion, carte postale. Coll. part.
66b Défilé du 14 juille à La Réunion. Coll. part.
67 Métropolitains des Messageries maritimes, photographie. Coll. part.
68 Manifestations à La Réunion. Archives départementales de la Réunion.
69h Article nécrologique de L. de Lépervanche. Coll. part.
69b Moril Fontaine. Archives départementales de la Réunion.
70h El Dorado. Coll. R. Vignont.
70b Créole de la Guyane, gravure, Paris, bibliothèque des Arts décoratifs..
71 La ville de Cayenne, gravure, idem.
72h Le Bagne. Archives Gallimard.
72b Adieu Cayenne, couverture du livre d'Albert London. J.-L. Charmet.
73h Debout Guyane. Archives départementales de la Guyane.
74b Jean Galmot à l'ouverture de son procès. Photographie.

CHAPITRE IV

74 Fête du tricentenaire du rattachement des colonies d'Amérique à la France. Fondation nationale des sciences politiques.
75 Texte d'une carte postale.Coll. part.
76h Texte de la proposition de loi de 1946. Archives nationales.
76b Vincent Auriol, président de la République française, entouré des préfets des départements d'outre-mer.
77 De gauche à droite : Aimé. Césaire. Archives Gallimard. L. Bissol, R. Vergès, G. Monnerville, photographies. Bibliothèque de l'Assemblée nationale.
78h Carte de rationnement. Coll. part.
78-79 Arrivée du préfet Paul Demange à La Réunion, photographie. Coll. Bozzi.
79 Élections cantonales à La Réunion. Coll. part.
80h Extrait de presse. Coll. part.
80d Le général De Gaulle à La Réunion le 10 juillet 1959. Archives départementales de la Réunion.
81 J. Chirac à La Réunion en mars 1996. Présidence de la République.
82g et d Affiche publicitaire et étiquette. Coll. part.
82b le général De Gaulle et Michel Debré.Coll. Debré.
83h Marché de Saint-Paul. Cl. Roger-Viollet.
83b Le Port, à La Réunion.
84h Timbre de Guyane. Musée de la Poste.
84b Extrait de presse sur la grève des fonctionnaires. Coll. Vignon.

TÉMOIGNAGES ET DOCUMENTS

INDEX

A

B

C

D

CRÉDITS PHOTOGRAPHIQUES

Archives départementales de la Guadeloupe 44. Archives départementales de la Réunion 68, 69, 80, 108. Archives des Sœurs de Cluny 85. Archives Gallimard 77h. Archives nationales 21, 23b, 76. Associated press 76. Laurent Barthélémy 21, 23, 26, 28, 29, 32, 33b, 34, 38, 39b, 41, 47, 59, 60-61, 62-63, 70, 74, 76, 82, 85, 93, 94, 100, 106. Bibliothèque de l'Assemblée Nationale 28, 47b, 77h, 77b, 100. Bibliothèque des arts décoratifs 70, 71, 72b. Bibliothèque Forney 61d, 63d. Bibliothèque nationale 11, 16/17, 22, 26, 29, 30, 35, 41, 50. Centre des Archives d'Outres-mer 24. Centres d'archives d'architecture du XXe siècle 57. CIRAD 60/61, 62/63. Cl. Roger-Viollet 18h, 27, 45, 59, 73, 83. CNES 91b. Coll. Bozzi 78. Coll. Ch. Gleizal dos de couverture, 4/5, 13, 15, 19h, 19b, 20h, 20b, 23h, 31, 33, 39h, 40b, 42, 45b, 46, 47, 49, 51b, 52b, 54b, 55b, 57b, 58h, 58b, 64, 65, 66h, 66b, 67, 69h, 78h, 79, 80h, 80b, 82h, 93b, 97, 101, 103, 104, 105. Coll. Debré 82b. Coll. Demange 110. Coll. Ministère de l'Outre-mer, 10. Coll. Moret 102. Coll. V. Sablé 112. Coll. Vignon 6/7, 84, 86/87, 88/89, 91, 121. Fondation nationale des sciences politiques 74. J. Kuyten 37h. Patrick Léger 84, 86-87, 88-89, 91. Maison française de meuble créole 36/37, 36g, 36d. Musée Air France 93. Musée Carnavalet 40. Musée de l'impression sur étoffe 39h. Musée de la Marine 18b. Musée de la Poste, 12b, 84, 117. Musée des arts décoratifs de Bordeaux 42/43. Musée des Beaux-Arts de Chartres 1, 12, 33b, 34h, 34b, 48, 51, 52, 53, 56. Musée Galliera 38, 39. Musée historique du Vieux-Vevey 25b. Musée Léon Dierx 37h. R.G. Ojeda 37b. Ph. Sebert 36. RMN 1re de couverture, 37 b. Service photographique de la présidence de la République 81, 98, 99. SICABAM 92. Sirpa/ECPA 90, 95. Société de géographie 64.

REMERCIEMENTS

Ce livre doit beaucoup aux relectures amicales de Marie-Claire Guidotti et à l'aide efficace de Sylvie André, Céline Jolly et Blaise Georges.

Plusieurs témoins de la création des départements d'outre-mer ont livré leurs souvenirs et ouvert leurs albums photographiques : les auteurs remercient tout particulièrement Mesdames Demange, Moret et Vignon ainsi que Messieurs Bach, Bozzi, Lambert, Mottin et Sablé.

Les auteurs et les Editions Gallimard tiennent également à remercier Laurent Barthélemy, qui a réalisé les prises de vues d'une grande partie des documents figurant dans cet ouvrage.

Cet ouvrage n'aurait pu être illustré sans la participation des Archives nationales et de leur responsable Monsieur Jenn, des Archives départementales de Guadeloupe et de leur directrice, Ghislaine Bouchet, des Archives départementales de la Guyane et de leur directrice Anne-Marie Bruleaux, des Archives départementales de La Réunion et de leur directeur Benoît Jullien, du musée des Beaux-Arts de Chartres et de Monsieur Stephani, responsable du fonds Bouge, des Archives des sœurs de Saint-Joseph de Cluny, du CIRAD (Centre de coopération internationale de recherches pour le développement) et de sa documentaliste Madame Tran-Minh. Qu'ils soient remerciés pour leur compétence et leur disponibilité.

ÉDITION ET FABRICATION

DÉCOUVERTES GALLIMARD
DIRECTION Pierre Marchand et Elisabeth de Farcy.
DIRECTION DE LA RÉDACTION Paule du Bouchet.
COORDINATION GÉNÉRALE Frédéric Morvan.
GRAPHISME Alain Gouessant. PROMOTION & PRESSE Valérie Tolstoï.
LES DÉPARTEMENTS D'OUTRE-MER, L'AUTRE DÉCOLONISATION
EDITION Christian Gleizal, assisté de Sandrine Duvillier.
MAQUETTE Olivier Brunot.
ICONOGRAPHIE Christian Gleizal.

Table des matières